Christian Schaller

Papst Pius IX. begegnen

Christian Schaller

Papst Pius IX. begegnen

SANKT ULRICH VERLAG
GmbH

Für Timon

Bibliografische Information Der Deutschen Bibliothek

Die Deutsche Bibliothek verzeichnet diese Publikation in der Deutschen Nationalbibliografie; detaillierte bibliografische Daten sind im Internet über http://dnb.ddb.de abrufbar.

Umschlaggestaltung: UV Werbung, Mediengruppe Sankt Ulrich Verlag, Augsburg
Druck und Herstellung: Ludwig Auer GmbH, Donauwörth
Umschlagbild: KNA
Printed in Germany
ISBN 3-929246-96-1
www.sankt-ulrich-verlag.de

Ein erster Blick auf Papst Pius IX.

1792	13. Mai: Graf Giovanni Maria Mastai-Ferretti in Senigallia (Marken) geboren
1816	Studium der Philosophie und Theologie am Römischen Kolleg; im Vorstand des Waisenhauses Tata Giovanni
1819	10. April: Priesterweihe in Rom
1823	Diplomatische Mission in Chile
1825	Direktor des Hospizes San Michele, Rom
1827	25. Mai: Ernennung zum Erzbischof von Spoleto
1831	Giuseppe Mazzinis Zeitung *Giovine Italia* fordert eine Republik Italien
1832	Mastai-Ferretti Bischof von Imola
1840	Ernennung zum Kardinal
1841	Feuerbach, *Das Wesen des Christentums*
1843	Vincenzo Gioberti, *Über den moralischen und kulturellen Vorrang der Italiener*
1846	16. Juni: Beginn des Pontifikats Papst Pius' IX.
1846	9. November: Enzyklika *Qui pluribus*
1848	15. November: Ministerpräsident Rossi wird ermordet
	24. November: Flucht nach Gaeta während der Novemberrevolution
1850	8. Dezember: Rückkehr in den Vatikan
1854	8. Dezember: Dogmatisierung der unbefleckten Empfängnis Marias (Enzyklika *Ineffabilis Deus*)

1857	15. Juni: Breve *Eximiam tuam* (Irrtümer Anton Günthers)
1861	26. Februar: Vittorio Emanuele II. König von Italien – Cavour Ministerpräsident
1863	Ernest Renan, *Das Leben Jesu*
	28. September: Ignaz Döllinger eröffnet mit seiner Rede den Münchener Gelehrtenkongreß
	21. Dezember: Papst Pius IX. antwortet mit *Tuas libenter*
1864	8. Dezember: Enzyklika *Quanta cura* und der *Syllabus Errorum*
1867	Marx, *Das Kapital,* 1. Band
1869	9. Februar: Artikel in der *Civiltà Cattolica* zu Erwartungen an das Konzil
	10. März: Döllinger antwortet mit einer polemischen Artikelserie, die unter dem Pseudonym *Janus* als Buch erscheint.
	8. Dezember: Eröffnung des *Ersten Vatikanischen Konzils*
1870	24. April: Dogmatische Konstitution *Dei Filius* über den katholischen Glauben
1870	18. Juli: Dogmatische Konstitution *Pastor aeternus* über die Kirche Christi (Jurisdiktionsprimat und Unfehlbarkeit des Papstes)
1870	20. September: Besetzung Roms durch Garibaldi und Ende des Kirchenstaats
1871	17. April: Döllinger wird exkommuniziert
	8. Juli: Bismarck beginnt den Kulturkampf
1878	7. Februar: Tod Papst Pius' IX.
2000	3. September: Seligsprechung Pius' IX. und Johannes' XXIII.

EINLEITUNG 8

I. EIN LEBEN FÜR DIE FREIHEIT DER KIRCHE

Pius IX. verstehen 12
Ein Papst in der Revolution 19
Zieht der Papst in den Krieg? 24
Kirche ohne Kirchenstaat? 30
Re d'Italia – Das Königreich Italien 36
Rom als Caput Mundi 47
Mortara: Pius IX. und die Juden 51
Die Grablege – ein Programm 57

II. DER HIRTE SEINER KIRCHE

Pius IX. und die Theologie 60
Anfang in Gnade: unbefleckte Empfängnis 72
Der Syllabus errorum 80
Dei Filius auf dem Ersten Vatikanum 89
Pius IX. und die umstrittene Unfehlbarkeit 95
Pastor aeternus: das Dogma 126
Das Imperium schlägt zurück: Kulturkampf 135
Und alle Fragen offen? 141
Johannes XXIII. und Pius IX. 152

LESETIPS, KURZTITEL, HÖR- UND REISETIP 154

Einleitung

Die letzte Kantate des großen italienischen Opernkomponisten Gioachino Rossini wurde am 1. Januar 1847 im Campidoglio in Rom anläßlich der Feierlichkeiten für den neugewählten Papst Pius IX. uraufgeführt. Euphorisch heißt es dort: „Oh ihr Scharen, die ihr so lange geweint habt, es war die Stimme Pius', die Stimme des großen neuen Papstes und Herrschers, die dich (das Volk Italiens) aus dem Gefängnis, dem fremden Land befreite und Leben, Freiheit und Ehre zurückgab". Die wenigen Zeilen lassen erkennen, daß der Beginn des bisher längsten Pontifikats der Kirchengeschichte von Anfang an unter den Vorzeichen der politischen Einigung Italiens zu sehen ist. Für die revolutionären Kräfte Italiens galt Pius als Hoffnungsträger, als der Herrscher-Papst, der sich gleichzeitig an die Spitze der Einigungsbewegung Italiens und der Kirche stellen würde. Seine anfängliche Sympathie für ein national geeintes Italien wich jedoch sehr schnell einer Skepsis und zunehmenden Ablehnung der politischen Ziele des *Risorgimento*, der Einheits- und Freiheitsbewegung Italiens zum Nationalstaat. Der Papst ließ sich nicht politisch instrumentalisieren und national verengen. Auch der drohende Verlust des Kirchenstaates widersprach seiner Verantwortung für die Geschicke der ganzen Kirche und entsprechender politischer Souveränität.

Die Konfrontation mit den revolutionären Kräften des 19. Jahrhunderts erforderte eine Stärkung der Kirche als adäquates Gegenüber zum sich formierenden Nationalstaat und eine Vertiefung der kirchlich-theologischen Identität nach innen. Entsprechend waren es die Bevorzugung der neuscholastischen Theologie (siehe S. 61, 66–68), der *Syllabus errorum* (siehe S. 80–87), das *Erste Vatikanische Konzil* (siehe S. 89–134), die Definition der Unfehlbarkeit des Papstes (vgl. S. 95–134) und die Dogmatisierung der unbefleckten Empfängnis Marias (siehe S. 72–79), die Papst Pius IX. in die Geschichtsbücher und die katholische Dogmatik eingehen ließen.

Als Papst Johannes Paul II. am 3. September 2000 so scheinbar widersprüchliche Charaktere wie Pius IX. und Johannes XXIII. gleichzeitig seligsprach, entflammte erneut die Diskussion über die so wenig „modern“ und „zeitgemäß“ erscheinende Regierungszeit Pius' IX. Die Jahre seines Pontifikats gelten vielen als Ausdruck starrer Ghettoisierung der Kirche und als Rückzug aus der modernen Welt; anderen erscheint er als das rettende Bollwerk gegenüber einer die Kirche bedrohenden politischen und geistesgeschichtlichen Realität. War Pius nur der letzte Monarch auf dem Stuhle Petri oder ein wahrhaft großer Hirte seiner Kirche, die nur er in so schwieriger Zeit in das 20. Jahrhundert führen konnte? Eine Antwort darauf kann nur der Blick auf die Gesamtpersönlichkeit geben. Neben seinem politischen Handeln in unruhigen Zeiten gibt seine Sendung als Priester und Papst Aufschluß. Hier, im Dienst für die Kirche und den Glauben werden seine Konflikte und Entscheidungen zum Abbild seiner Epoche, die dadurch auch aus der Retrospektive unserer Zeit eine erneuerte Einschätzung erfährt.

I. Ein Leben für die Freiheit der Kirche

Pius IX. verstehen

Die Lebensgeschichte Pius' IX. würde den Stoff für einen historischen Roman bieten. So viele wechselvolle Ereignisse in Kirche und Politik im 19. Jahrhundert hat er teilweise mitgestaltet und teilweise erdulden müssen. Vieles von den damaligen Umbrüchen in der staatlichen Ordnung ist schon in Vergessenheit geraten, während über kirchliche, den Glauben betreffende Entscheidungen Pius' IX. noch immer heftiger Gelehrtenstreit lodert. Wir werden den umstrittenen Fragen dieses Pontifikates daher nach einem kurzen biographischen Einstieg im einzelnen nachgehen, um die analytischen Linien zu zeichnen, auf denen sich Pius IX. verstehen läßt. Als Giovanni Maria Mastai-Ferretti am 13. Mai 1792, drei Jahre nach der französischen Revolution, in Senigallia, einem kleinen Städtchen zwischen Ancona und Rimini in den Marken an der Adria gelegen, geboren wurde, ahnte wohl noch niemand, daß er als der 257. Nachfolger des hl. Petrus 54 Jahre später das bisher längste Pontifikat der Kirche antreten würde.

Aus der in den Lesetips genannten Literatur für den ganzen Teil I v. a. ROGER AUBERT, *Le Pontificat de Pie IX.*, Paris 1950 und GIACOMO MARTINA, *Pio IX*, Rom 1974 ff., 3 Bde.

Der Sohn des Bürgermeisters

Die Familie Mastai-Ferretti gehörte dem kleinen italienischen Provinzadel an. Ursprünglich stammten sie aus Cremona, von wo aus sie im 14. Jahrhundert nach Senigallia zogen. Durch den Fürsten Farnese von Parma erhielt die Familie im 18. Jahrhundert den Adelstitel. Graf Giovanni Mastai Ferretti († 1833), erlangte durch seinen Adelstitel und durch das Amt des Bürgermeisters von Senigallia eine gesellschaftliche Position, die das Milieu bildete, in dem der junge Giovanni und seine Geschwister aufwuchsen. Seine Mutter war die Gräfin Catharina Solazzi. Über sie gibt es lediglich Aussagen, die Auskunft ge-

In Senigallia gibt es ein *Museo Pio IX*, eingerichtet im elterlichen Palazzo Mastai-Ferretti, siehe Reisetip S.157.

ben über ihre moralische Stärke, ihren Edelmut und ihre außerordentliche Frömmigkeit. Die Erziehung der Kinder, das Einführen in den Glauben und in die Gemeinschaft der Kirche ist sicherlich ihre Aufgabe innerhalb der Familie gewesen. Vincenzo Faraoni überliefert uns in seinem Büchlein *Der Papst der Immaculata* ein Zitat der Mutter, in dem der kleine Giovanni angehalten wird, eifriger für die Kirche und den Heiligen Vater zu beten, damit auch die anderen, die nicht an Jesus Christus glauben, bekehrt werden mögen. Getauft wurde Giovanni am Tag seiner Geburt in der Kathedrale seiner Heimatstadt von seinem Onkel, dem Canonicus Andrea Mastai.

Eine fromme und liberale Familie

Die heimische Atmosphäre war geprägt von selbstverständlicher Frömmigkeit, aber auch von einer als „liberal" gekennzeichneten Haltung gegenüber politischen Gegebenheiten. Was die religiöse Erziehung des jungen Grafen betrifft, so findet sich zunächst katholische Normalität: Taufe, Erstkommunion, Firmung, regelmäßiger Kirchgang und aktive Teilnahme an den kirchlichen Feiertagen. Diese religiöse Bindung der Familie übersah aber die Notwendigkeit zu Reformen innerhalb des streng geführten Kirchenstaates (siehe S. 22 f.) nicht. Das Reformbewußtsein spiegelt sich sogar in der Teilnahme dreier seiner Brüder am Aufstand im Kirchenstaat von 1831 wider. Das Haus der Mastai zeigte sich fromm, gut katholisch und eben auch politisch engagiert. Die tiefe Frömmigkeit und der Sinn für den Vorrang des Übernatürlichen vor aller menschlichen Aktion, aber auch die klare und nüchterne Analyse der Zeit, die den künftigen Pontifex leiten werden, sind hier grundgelegt. Aus dem konkret im Leben umgesetzten Glauben erwächst auch das spätere, sein ganzes Leben mitbestimmende Engagement, etwa für die Waisenkinder Roms.

Ein Unfall mit Folgen

Das deutsche Epilepsiemuseum Kork führt unter der Rubrik „prominente Anfallkranke" auch Pius IX. Er litt, so heißt es in der Akte über den jungen Grafen Mastai-Ferretti, in seiner Jugend unter einer schwächlichen Konstitution und epileptischen Anfällen. Die Legende will wissen, daß im Oktober 1797 der 5 Jahre alte Giovanni beim Blumenpflücken in einen nahegelegenen Weiher fällt, nur knapp können ihn Hausangestellte vor dem Ertrinken retten. Resultierend aus dem Schock über dieses Erlebnis erkrankt das Kind an Epilepsie. Dies bleibt nicht ohne Einfluß auf den weiteren Lebensweg des Heranwachsenden. Seine um wissenschaftliche und literarische Bildung besorgten Eltern schickten ihn zunächst in das toskanische Volterra, wo er seine ersten Studien absolvierte. Giovanni machte sich offenbar so gut, daß er als Überbringer der Willkommensgrüße für die Königin von Etrurien, Luise Baciocchi, eine Schwester Napoleons, fungierte. Die Krankheit holte ihn jedoch schon bald ein. Die Verschlechterung seines Gesundheitszustandes nötigte ihn zur Aufgabe seiner kurz vor Abschluß des Philosophiekurses stehenden Studien. Epilepsie war ein Weihehindernis! Ein weiterer Rückschlag war es für den jungen Grafen, nicht in die päpstliche Nobelgarde aufgenommen zu werden. Es ist nicht ganz klar, aus welchen Gründen er abgelehnt wurde. Seine epileptische Veranlagung dürfte sicherlich einen schwerwiegenden Einspruch dargestellt haben. Vinzenz Palotti, Freund des jungen Grafen, tröstete den Abgewiesenen. Er sagte: „Seien Sie beruhigt, Sie werden nicht Wache halten, sondern Wache erhalten", und er sollte mit seiner Prophezeiung recht bekommen.

Tatsächlich ist während Mastai-Ferrettis Zeit als Priester, Bischof, Kardinal und Papst nie mehr von einer epileptischen Erkrankung die Rede. Wie es zu seiner Heilung kam, berichtet uns eine Anekdote, die Vinzenzo Faraoni überliefert: Der von Napoleon in Frankreich gefangengehaltene Papst Pius VII. (1800–1823)

Der heilige **Vinzenz Palotti** (1795–1850) war ein Priester, der als Jugend-, Kranken- und Gefangenenseelsorger, Exerzitienmeister und Volksmissionar wirkte. 1834/35 gründete er die *Gesellschaft des katholischen Apostolates zur Vertiefung, Verbreitung und* machte 1814 auf dem Rückweg nach Rom im Hause des Grafen Mastai in Senigallia halt. Der wegen seiner düsteren Zukunftsaussichten deprimierte Giovanni schloß sich dem Gefolge des Papstes an. Nach seiner Ankunft in Rom kam er zum ersten Mal in Kontakt mit dem Waisenhaus Tata Giovanni, das ihn Zeit seines Lebens begleiten wird. In diese Zeit fällt eine Begegnung mit Pius VII. Dieser sprach dem orientierungs- und mutlosen Giovanni Mut zu. Er sagte: „Beruhige Dich, mein Sohn, wer weiß, ob Gott nicht alle Deine Pläne gerade deshalb zunichte gemacht hat, um Dich ganz an sich zu ziehen. Vertraue deshalb auf seine Güte, vertraue auch auf das Herz Mariens, deren Namen Du Trägst, und empfiehl Dich ihrer mächtigen Hilfe." Als zunächst gescheiterter junger Mann pilgerte er nach Loreto, dem berühmtesten Wallfahrtsort Italiens, zur Mutter Gottes. Seine Gebete wurden erhört und seine Anfälle wurden immer seltener, der Weg in den geistlichen Stand war somit nicht länger verstellt.

Verteidigung der Frömmigkeit und des katholischen Glaubens (Palottiner, Palottinerinnen). Fest am 22. Januar.

Zu Papst Pius VII. siehe S. 17, Text und Randnote.

Im geistlichen Gewand

Sein äußerer Lebensweg führte den jungen Giovanni 1814 in das Römische Kolleg, wo er seine theologische Ausbildung absolvierte. Die Gesundung von seiner Krankheit und seine innere Gedankenwelt führten ihn zu der Entscheidung, Priester zu werden. „Mastai ist ein junger Mann von großem Wissen und von seltener Tugend. In seiner Brust schlägt ein Herz wie das eines Papstes", bescheinigte ihm einer seiner Theologieprofessoren. Die verheißungsvollen Worte klingen angesichts der eher oberflächlichen und rudimentären Studien sehr hochtrabend. Erst nach der erneuten Übernahme des Kollegs 1824 durch den Jesuitenorden erreichte das von Ignatius von Loyola gegründete *Collegium Romanum* wieder seinen alten Glanz und seine theologische Bedeutung. Am 6. März 1818 wird Giovanni Mastai zum Diakon und am 10. April des-

Vgl. KLAUS SCHATZ, *Pius IX.*, in: *Gestalten der Kirchengeschichte. Das Papsttum II.*, hrsg. v. Martin Greschat 1985, S. 184–202, hier S. 184.

selben Jahres zum Priester geweiht. Seine Primiz feierte er in der Kapelle des Waisenhauses Tata Giovanni, umringt von den ihm anempfohlenen Waisenkindern.

Der Priester von Tata Giovanni

In den folgenden Jahren widmete er sich mit seelsorglichem Eifer und uneingeschränkter Hilfsbereitschaft den Anliegen des Waisenhauses und der Kinder. Wie nachhaltig der Eindruck seines segensreichen Wirkens in der Tata Giovanni gewesen sein muß, davon zeugt eine Festgabe zum 50jährigen Bischofsjubiläum Pius' IX. von Anton de Waal: *Tata Giovanni. Fünf Lebensbilder aus der Jugend unseres Heiligen Vaters in dramatischer Form* (1877) beschreiben das Engagement des Grafen Mastai für die Waisenkinder, die Feier seiner ersten heiligen Messe und die pädagogische Umsicht, die er den Kindern gegenüber einsetzte. Aus allen Szenen des Stücks geht die große Wertschätzung hervor, die das Haus für Pius IX. hegte. Interessant ist auch die Worterklärung für Tata Giovanni und der geschichtliche Hintergrund des Waisenhauses: Im 18. Jahrhundert half der in der Dombauhütte von St. Peter eingestellte Maurer Giovanni Borghi im nahegelegenen Hospital S. Spirito. Erschüttert von der großen Zahl römischer Waisenkinder setze er seinen ganzen Ehrgeiz daran, ihnen ein eigenes Haus zu bauen. Zusammen mit Wohltätern und kirchlicher Unterstützung wurde er zum „Vater" einer zahlreichen Kinderschar. Das Wort „Tata" stellt sich als eine umgangssprachliche Übersetzung von „Vater Giovanni" heraus. Zunächst sieht also alles danach aus, als ob der junge Priester Giovanni Mastai hier im Umgang und der Erziehung der Waisenkinder Roms endlich seinen Platz in der Welt gefunden hätte. All seine erfreulichen Eigenschaften, die ihn auch später als Papst so anziehend auch für Nichtkatholiken und faszinierend für ihm kritisch Gegenüberste-

Der Priester **Anton de Waal** (1837–1917) gründete als Rektor des *Campo Santo Teutonico,* des deutschen Friedhofs im Vatikan, dort 1676 das *Collegio Teutonico,* das deutsche Priesterkolleg. Als Christlicher Archäologe ab 1887 Mitherausgeber der *Römischen Quartalsschrift,* ab 1901 des *Oriens Christianus.* Engagement für Deutsche in Rom, Autor klassischer Romführer: *Der Rompilger,* 1888; *Roma Sacra,* 1909 (1926).

hende machten, seine Menschlichkeit, Spontaneität, Kontaktfähigkeit und sein Humor prädestinierten ihn geradezu als Erzieher und Ausbilder für junge Leute. Wie eng die Verbindung zum Waisenhaus war, wird nicht zuletzt darin deutlich, daß er auch später als Papst diesem Haus finanzielle Zuwendungen zukommen ließ und sein 50. Priesterjubiläum am Altar seiner Primiz, in der Kapelle des Waisenhauses feierte. Der Eindruck, den er als Mensch gerade im Umgang mit anderen erweckte, könnte in jüngerer Zeit mit der Gestalt Johannes' XXIII. verglichen werden. Unkomplizierte Gespräche, Charme, Humor und Ironie zählten ebenso zu seinen Vorzügen wie Menschenkenntnis und die Fähigkeit, Situationen schnell zu erfassen – der perfekte Lehrer und Pädagoge.

Rom und die Welt

Im Jahre 1823 beschloß Papst Pius VII. (1800–1823), eine päpstliche Delegation nach Chile zu senden. An der Seite von Monsignore Giovanni Muzi, dem Leiter (im Range eines Apostolischen Vikars), sollte der junge Mastai-Ferretti als päpstlicher Diplomat (im Range eines Auditors) die infolge der Revolution gegen die spanische Herrschaft völlig verwirrten kirchlichen Verhältnisse in Chile neu ordnen. Es war die einzige Auslandsreise des späteren Papstes. Diplomatische Ambitionen spürte er nach wie vor nicht, er fühlte sich in erster Linie zum Seelsorger berufen, und der Abschied von Tata Giovanni fiel ihm und seinen Zöglingen nicht leicht. Wie wenig er sich zu Diplomatie, kirchlicher Verwaltung oder zu einer kurialen Karriere hingezogen fühlte, wird auch darin deutlich, daß er die Versuche, ihn als Nuntius nach Paris zu schicken im Jahre 1835 oder nach Neapel 1839 ablehnt. Die Überfahrt von Rom über Genua und die kanarischen Inseln gestaltete sich als Abenteuer. Bis zur Ankunft in Buenos Aires am Neujahrstag 1824 und der an-

Pius VII. war für Pius IX. in seiner Standhaftigkeit gegenüber einer staatlichen Bevormundung sicherlich prägendes Vorbild. Weil er die Politik Napoleons nicht teilte, wurde kurzerhand Rom besetzt und der Kirchenstaat Frankreich eingegliedert. Der Papst wurde im Auftrag Napoleons überfallen und verschleppt. Hirte seiner Kirche und Hüter der Lehre. Humanistisches und künstlerisches Engagement. 1814 Wiederherstellung des Jesuitenordens.

strengenden Überquerung der argentinischen Pampas bis zum endgültigen Erreichen der chilenischen Hauptstadt wurde das Schiff mit der päpstlichen Delegation von Piraten überfallen und kollidierte fast mit einem Sklavenschiff, das Kurs auf Rio de Janeiro hatte. Die neu entstandene Republik Chile, die sich mittels revolutionärer Aktion von der spanischen Krone losgesagt hatte, empfing die Delegation ablehnend. Die Republik hatte sich als antiklerikale Regierungsform offenbart. Nach fast neunmonatiger Rückfahrt kehrten Giovanni Muzio und sein Auditor am 6. Juli 1825 nach Rom zurück. Es ist davon auszugehen, daß das kurze diplomatische Intermezzo für Mastai eher abschreckend war und ihn in seiner skeptischen Einstellung gegenüber aller Diplomatie und Gesandtschaftspolitik nur noch bestärkte. Der Ausflug in die weite Welt im geographischen und politischen Sinne verstärkte in ihm eher den Wunsch, nach Tata Giovanni zurückzukehren, um sich in den Dienst seiner eigentlichen Berufung und Sendung zu stellen. 1815 war Mastai Direktor des von ihm so geliebten Waisenhauses geworden, das seit seiner ersten Begegnung mit ihm im Jahre 1814 seine Aufgabengebiete erweitert hatte: Neben der Sorge für Jugendliche und Kinder gab es eine Sektion für Alte und Gebrechliche, sowie für schwer sozialisierbare Menschen. Mit neuem Eifer, Einfühlungsvermögen und Führungsqualität widmete sich Don Giovanni seiner Aufgabe. Wieder schien es, daß er am richtigen Platz gelandet war; für zwei Jahre sollte dieser Traum, sich für immer in den Dienst Tata Giovannis zu stellen, andauern. Er endete mit seiner überraschenden Ernennung zum Bischof von Spoleto am 25. Mai 1827. In der Titelkirche des großen mittelalterlichen Philosophenbischofs und Kardinals von Brixen, Nikolaus Cusanus, S. Pietro in Vinculi, wurde er von Kardinal Francesco Xaver Castilione, dem späteren Pius VIII., zum Bischof geweiht.

Ein Papst in der Revolution

Seit 1820 regten sich in Italien Kräfte, die sich gegen die Vorherrschaft Österreichs formierten. Die langsam wachsende Bewegung für die nationale Einheit und Unabhängigkeit Italiens wird in der Geschichtsschreibung mit *Risorgimento* („Wiederauferstehung, Wiedererwachen") benannt. Der Begriff wird entlehnt von einer Zeitschrift, die von Conte Benso di Cavour herausgegeben wurde, dessen Persönlichkeit für die weitere Entwicklung der italienischen Geschichte nicht hoch genug eingeschätzt werden kann. Wir werden von daher noch näher auf Cavour eingehen.

Vgl. hierzu: Gustav Seibt, *Rom oder Tod*, 2001, Edward E. Y. Hales, *Pius IX.*, Graz 1957 / (Kurztitel = **Hales**)

Das Zeitalter des Risorgimento umspannt die Jahre von 1815 bis 1870. Seit dem Wiener Kongreß 1815 beherrschte das habsburgische Österreich weite Teile Italiens: die Lombardei, die frühere Republik Venedig, das Trentino und die Stadt Triest. Über habsburgische Nebenlinien zusätzlich die Städte Parma, Modena und Lucca.

Seit der Revolution von 1820, bei der der Geheimbund der süditalienischen *Carbonari* („Köhler" – eine Verbindung, der hauptsächlich Kohlenbrenner angehörten) eine wichtige Rolle spielte, und der Juli-Revolution von 1830/31 war die politische Ordnung in Italien stets in Gefahr, gekippt zu werden. Allen revolutionären Ansätzen ist es letztlich zu verdanken, daß in weiten Teilen des Landes republikanische Regierungsformen und anfanghafte demokratische Verfassungen eingeführt wurden. Als die einflußreichste Programmschrift des frühen Risorgimento muß das Werk Vincenzo Giobertis *Über den moralischen und kulturellen Vorrang der Italiener* von 1843 gesehen werden.

Vincenzo Gioberti (1801–1852): Geistlicher und einer der führenden Philosophen Italiens im 19. Jh. Regierungsmitglied im Parlament von Turin. Das Zentrum aller politischen Macht sah er im Papsttum, das die geistliche sowie kulturelle Herrschaft in Europa einnehmen solle.

Giobertis kühner Traum

Vincenzo Gioberti war sich seiner Sendung als Reformer bewußt. Sein erklärtes Ziel war die politische Einigung Italiens, als dessen Spitze er das römische Papsttum eingesetzt sehen wollte. Programmatisch schreibt er: „Ich sage euch, was das wahre Prinzip der italienischen Einheit ist: Dieses Prinzip ist höchst unsrig und national, denn es schuf die Nation und ist in ihr seit achtzehn Jahrhunderten verwurzelt: Es ist konkret, lebendig, real und nicht abstrakt und chimerisch, denn es ist eine Institution, ein Orakel, eine Person.“ Und diese Person, die sowohl die politische als auch die geistlich-kulturelle Führerschaft übernehmen sollte, war der Papst. Mit der politischen Neuordnung in Italien sah Gioberti sein Land wieder als Zentrum christlicher und kultureller Vorherrschaft in Europa. Als *guelfisch* bezeichnete der Kleriker Gioberti seine Konzeption des neuen Italien im Anklang an die mittelalterliche Kontroverse der sich feindlich gegenüberstehenden Parteien der Kaiser und Päpste, der *Guelfen* und *Ghibellinen.* Die in der Geschichtsschreibung übliche Bezeichnung als *Neuguelfentum* steht für die enge Verbindung nationaler Gesinnung mit dem Katholischen. Sinngebende Instanz war dabei das Papsttum. Die von Gioberti angestrebte innere Kohärenz der politischen und religiösen Kräfte sollte den Italienern die Angst vor revolutionären Aktivitäten nehmen.

Im 11./12. Jh. Auseinanders. zw. *Welfen* u. kaisertreuen *Staufern.* Vom ital. Namen f. d. zentr. kaiserl. Gut Waiblingen (der Staufer): ***Ghibellinen*** für italien. Parteigänger des Kaisers. ***Guelfen*** (von „Welfen“) für päpstl. antikaiserl. Partei.

Ihm zufolge mündeten diese ja in den sicheren Hafen der römischen Kirche. Mit der Wahl Pius' IX. schien sich Giobertis kühner, zugleich romantischer wie geschichtsphilosophischer Entwurf zu realisieren. Auf dem festen Grund der päpstlichen Autorität führte Pius nach seiner Wahl 1846 innerhalb des schlecht und bisweilen altmodisch regierten Kirchenstaates Reformen durch: Einführung der Pressefreiheit, Amnestie für politische Gegner; und er öffnete die Ämter der kommunalen Verwaltung im Kirchenstaat für Laien.

Für Giobertis utopische Vorstellung war angesichts der harten politischen Realität in einem Italien des Umbruchs Anfang der

40er Jahre kein Platz. Das Land und seine Bewohner waren agrarisch und feudal strukturiert und auf die jeweiligen Stadtpatrizier konzentriert. Eine einheitliche Erhebung zugunsten seines guelfischen Systems konnte schon durch die fremdherrschaftliche Umklammerung, in die das Land eingespannt war, nicht losbrechen.
Obwohl Pius IX. zunächst die Verkörperung aller Wünsche Giobertis darzustellen schien, wußte sich dieser, wie später noch zu sehen ist, mehr seinem päpstlichen Hirtenauftrag verpflichtet als einer ihm von außen angetragenen politischen Führungsrolle.

Metternich ante portas

Die liberale Grundhaltung zu Beginn seines Pontifikats brachte Pius IX. sehr schnell in Konflikt mit Österreich. Der österreichische Kanzler Fürst Metternich hatte im Juli 1847 seine Besatzungstruppen in Ferrara um 900 Mann verstärkt und provozierte damit den öffentlichen Protest des Papstes, der daraufhin als Nationalheld und Galionsfigur des Risorgimento gefeiert wurde. Sogar Giuseppe Mazzini, der italienische Nationalheld, forderte Pius auf, sich an die Spitze der nationalen Bewegung zu stellen, sonst würde sich das Volk vom Kreuze losreißen und eigene Wege gehen. Um den Papst endgültig für die eigenen politischen Ziele zu mißbrauchen, sollten ihm am 1. Januar 1848 vierunddreißig Forderungen des Volkes überreicht werden, u. a. Pressefreiheit, Entfernung der Jesuiten und Bewaffnung der Bürger. Pius erschien jedoch zum festgesetzten Termin nicht. Die Menge revoltierte. Das sich allmählich zu einem flächendeckenden Brand entwickelnde revolutionäre Feuer, das seit den Carbonari-Aufständen hier und dort loderte, machte Pius sehr schnell deutlich, daß seine Intervention gegen Metternich zu bedauerlichen Konsequenzen geführt hatte. Parolen wie „Hinaus mit

Giuseppe Mazzini (1805–1872): V. a. als Publizist versuchte Mazzini die Geschicke der Einigungsbewegung in Italien zu beeinflußen. 1831 gründete er die Zeitung *Giovine Italia,* die sich in ihren Artikeln der Schaffung einer Republik Italien verschrieben hatte. Stark antikirchlich ausgerichtet, lehnte er das kirchl. Lehramt ab und plädierte für eine frühsozialistische Gesellschaftsform.

den Barbaren" und andererseits „Viva Pio Nono" wurden in einem Atemzug gerufen. Pius hatte selbst jedoch wenig Interesse, sich an die Spitze einer Bewegung zu stellen, die den Kirchenstaat in eine Republik Italien unter Führung des Nationalisten Mazzini einverleiben wollte und damit die Souveränität der Kirche direkt ins Visier nahm. Ebensowenig lag ihm daran, sich auf einen Konflikt mit dem immer noch katholischen Österreich einzulassen. Pius IX. ging es um seine Verpflichtung als Seelsorger und Hirte der Gläubigen. Ein Feld, das er in all den politischen Umbrüchen der Jahre nie vergessen hat zu bestellen. Besonders deutlich sprach er seine schroffe und eindeutige Ablehnung in einer Ansprache vom 17. Dezember 1847 aus: „Von nun an soll man nicht mehr davon sprechen, den Glauben der universalen Kirche, deren Beruf es ist, alle Länder und alle Völker des Erdkreises mit gleicher Liebe zu umfassen, durch einen nationalen Fanatismus zu ersetzen, der künstlich wiedererweckt wird und der sich lügenhaft und durchaus heidnisch erweist durch seinen ausschließlichen Charakter."

Zitiert nach: GIACOMO MARTINA, *Pio IX*, Bd. 1, Rom 1974, S. 541.

1848 machte die Revolution auch vor dem Kirchenstaat keinen Halt mehr ...

Exkurs: Kirchenstaat

Unter dem Kirchenstaat versteht man das vom Papst als weltlichem Souverän beherrschte Gebiet Mittelitaliens. Seine Anfänge liegen im Zusammenschluß von Grundbesitz unter der Herrschaft Kaiser Konstantins. Ab dem 16. Jahrhundert nahm das – auch *Patrimonium Petri* genannte – Gebiet konkrete Staatsformen mit eigener Administration, Polizei und Gerichtsbarkeit an. Kleine Teile der Emilia Romagna und das Latium bis an die Grenzen des Königreichs Neapel sind über Jahrhunderte als Stammländer des Kirchenstaates anzusehen. Mit dem Einmarsch der italienischen Truppen wurde 1871 dem Kirchenstaat ein Ende bereitet. 1929 kam es zwischen Pius XI. und Italien in den sogenannten Lateranverträgen zu einer symbolischen Restituierung des Kirchenstaates. Der Vatikansstaat entstand.

Zuerst griff die Revolution auf Sizilien und Neapel über. Dort mußte König Ferdinand eine Verfassung gewähren, ebenso der Großherzog von Toskana. In ganz Europa gab es kein Zurück mehr. In Paris brach die Revolution aus. Der Bürgerkönig Louis Philippe mußte nach England flüchten, und sogar König Karl von Savoyen führte in Turin eine Verfassung ein. Das Kardinalskollegium kam aufgrund der Ereignisse, die sich in ganz Europa abspielten, zu dem Schluß, daß auch für den Kirchenstaat nur eine Verfassung den Papst weiterhin als fortschrittlichen Souverän erscheinen ließe. Zwei Kammern wurden eingerichtet: ein Hoher Rat und ein Rat der Abgeordneten. Ihr Einfluß endete jedoch an den erklärten Rechten der Kirche selbst und der Kardinäle. Religiöse Angelegenheiten durften von den beiden Kammern nicht behandelt werden, und sämtliche politischen Vorlagen waren erst dem Kardinalskollegium zu unterbreiten, das diese dann zur endgültigen Entscheidung dem Papst vorlegte.

Als in Wien im gleichen Jahr die Revolution ausbrach, führte diese zwar nicht zur Absetzung Metternichs, sie diente aber als Startsignal für die Volkserhebung in den von Österreich okkupierten Regionen Italiens (Lombardei, Venetien). In nur fünf Tagen gelang es der Bevölkerung von Mailand, die „Barbaren“ zu vertreiben, und König Karl Albert von Piemont rief ganz Italien zur Teilnahme am Unabhängigkeitskrieg gegen die Besatzer auf. Am 26. März 1848 marschierte er in der Lombardei ein und wurde bereits als Befreier Italiens gefeiert.

Zieht der Papst in den Krieg?

Nach der Eroberung Mailands durch Truppen Karl Alberts wurde auch mit größter Aufmerksamkeit auf die Reaktion aus Rom gewartet. Die Hoffnungen vieler revolutionärer Kräfte richteten sich nun auf Pius. Aber sie wurden bitter enttäuscht. Mit seiner für Furore sorgenden Ansprache vom 29. April 1848 entschied sich der Papst für eine Distanz zum Risorgimento und, was seiner seelsorglich-oberhirtlichen Sendung entsprach, für den Frieden. Pius IX. zeigte sich entsetzt, daß kriegswillige Menschen seinen Namen im Munde führten. Die Ansprache traf ganz Italien, v.a. die revolutionären Kräfte, die so große Hoffnungen auf ihn gesetzt hatten. Für sein Pontifikat und die sich abzeichnenden Ereignisse der kommenden Jahre kann diese Ansprache nicht hoch genug eingeschätzt werden. Ein für alle mal war klar: Dieser Papst läßt seine Autorität nicht durch parteipolitisch motivierte Politiker mißbrauchen. Pius IX. erkannte sofort, daß er lediglich Beschlüsse mit päpstlicher Autorität „absegnen" sollte. Pius erteilte aber nicht nur dem Krieg gegen das katholische Österreich, sondern bereits 1848 dem modernen Liberalismus und den – rückblickend – oft fraglich eingesetzten Prinzipien von 1789 eine Absage.

Der zweite Teil der in drei große Blöcke aufgeteilten Ansprache beschäftigt sich mit dem drohenden Krieg. Pius stellt zunächst fest: Wenn er schon seine Untertanen im Kirchenstaat nicht daran hindern könne, sich freiwillig dem Heer Karl Alberts anzuschließen, so könne er keinesfalls den Krieg erklären. Denn er vertrete ja auf Erden, wenngleich unwürdig, den, welcher „der Ursprung und der Liebhaber der Eintracht" sei und der sich verantwortlich wisse für „alle Stämme, Völker und Nationen", denen er mit der „gleichen Hingabe und väterlichen Liebe" begegne. Poetisch formuliert, waren das für die revolutionsbegeisterten Italiener doch klare Worte, die Pius auf der Beliebtheitsskala über Nacht in den Keller sinken ließen. In der all-

Original in: Luigi-Carlo Farini, *Lo stato Romano dall' anno 1815 al 1850*, Turin 1850 ff., Bd. 2, S. 105–112.

gemein euphorischen Stimmung mußte diese Rede eines Papstes, eines Italieners, geradezu den Charakter des Hochverrats annehmen. Pius hatte es weder auf Streit noch auf Provokation abgesehen, vielmehr war es hier sein starkes und friedliebendes Naturell, welches zusammen mit seinem päpstlichen Selbstverständnis als Hirte einer weltweiten Herde den Träumen vom „Nationalpapst" und „Kriegspapst" ein Ende machte.
Auch sein Appell an den Kaiser von Österreich, in dem Pius diesen bat, seine Truppen aus Italien abzuziehen, ist gekennzeichnet vom Wunsch nach Frieden in den schon seit langem vom Krieg heimgesuchten Gebieten. Er schreibt: „Möge es daher Eurer Majestät nicht mißfallen, daß Wir jetzt an Ihre Frömmigkeit und Religion appellieren und Sie in väterlicher Zuneigung ermahnen, Ihre Waffen aus einem Kriege zurückzuziehen, der die Herzen der Lombarden und der Venetianer nie für Ihr Reich zurückzugewinnen vermag, sondern nur die schicksalhafte Folge von Verheerungen nach sich ziehen kann, die immer mit Krieg verbunden und gewiß auch Ihnen widerwärtig und verhaßt sind."
Pius IX. war, wenn man Politik als die konstruktive Kraft in einem Land beschrieben sehen möchte, also durchaus Politiker. Nicht jedoch auf der Ebene nationalstaatlicher Verengung oder parteipolitischer Interessenkonflikte. Seine „Politik" war orientiert an den Verpflichtungen, die seine Religion, sein Glaube, seine Berufung und nicht zuletzt sein Amt mit sich brachten.

Revolution in Rom – ein Papst auf der Flucht

Seitdem mit der Ansprache vom 29. April 1848 aller Welt deutlich wurde, daß Pius IX. an keiner Form der militärischen Auseinandersetzung, die im Dienste der nationalen Befreiung stand, teilnehmen wollte und vehement jede Form des Krieges verurteilte, wurde er monatelang zu einem Gefangenen in den eigenen, vatikanischen Mauern. Das von Gioberti entworfene Konzept eines Neuguelfentums war gescheitert. Die sich abzeichnende Radikalisierung der Revolution machte auch vor der Ewigen Stadt keinen Halt. Die Ereignisse, die Pius IX. im November 1848 zur Flucht nach Gaeta im Königreich Neapel zwangen, wurden eingeläutet mit der Berufung Pellegrino Rossis zum Ministerpräsidenten des Kirchenstaates. Als Pragmatiker ging Rossi sofort der Aufgabe nach, das revolutionäre Chaos im Kirchenstaat zu beseitigen. Er ließ alle selbsternannten Bürgerbrigaden entwaffnen und regelte die Finanzen des angeschlagenen Kirchenstaates. Der Ministerpräsident fand ein jähes Ende. Am 15. November erschien er ordnungsgemäß zur feierlichen Eröffnung der Kammer am Palazzo della Cancelleria in Rom. In den republikanisch-revolutionären Köpfen war Rossi das Relikt einer Feudalvergangenheit, die den Fürsten weiterhin ihre Vorrangsposition zubilligen wollte. Auf den Stufen des Palazzo wurde er durch mehrere Messerstiche ermordet.

Pellegrino Rossi (1787–1848): Zuerst Prof. in Genf und Paris wurde er 1846 franz. Botschafter in Rom. Trotz seines Rufes als Freidenker wurde er zu einem der engsten Freunde Papst Pius' IX. Am 16.9.1848 ernannte der Papst ihn zum Ministerpräsidenten des Kirchenstaates.

Giuseppe Garibaldi, der 1849 im Kampf gegen die französische Schutzmacht des Papstes zum Nationalheld hochstilisiert wurde, rechtfertigt Jahre später das brutale Vorgehen mit bluttriefendem Pathos: „Die alte Hauptstadt der Welt, würdig ihres alten Ruhmes, befreite sich von einem höchst gefährlichen Satelliten der Tyrannei und badete die Marmorstufen in seinem Blute. Ein junger Römer hatte wiederum die Klinge des Marcus Brutus gefunden."

Giuseppe Garibaldi, *Memorie autobiographiche*, Florenz 1888, S. 213 f.

Der marodierende Pöbel verbrüderte sich mit der nationalstaatlichen Polizeimacht, den Carabinieri, und lief aufgebracht, lauthals die Mörder feiernd, durch die Straßen. Der Heilige Vater war schockiert und tief erschüttert, pflegte er doch zu Rossi, der als Freidenker galt und so ganz und gar nicht in das Pius übergestülpte und festgefügte Bild eines reaktionären Papstes paßt, eine enge Freundschaft.

Rom war ohne Regierung. Die brüllende Menge forderte das Ende des Kirchenstaates und die Proklamierung der italienischen Nation. Pius dachte offenbar nicht eine Sekunde daran, den Forderungen auch nur ansatzweise zu entsprechen. Er wolle „alles aufgeben und fortgehen", dies sei immer noch besser als nur noch „zu beten und zu segnen", womit er seine politische Hilflosigkeit ausdrücken wollte. Lieber wollte er den Märtyrertod erleiden. Der Papst weigerte sich, sein Amt als Spielball in den Händen einer aufgebrachten Menge mit ungewissen politischen Zielen enden zu sehen. Die politischen Kräfte Mitte des 19. Jahrhunderts in Italien waren nicht zu unterschätzen. Eine von den Motiven des Nationalismus geprägte Bewegung mußte letztlich nicht nur im Papst, sondern auch in der Kirche und im Glauben eine Schwächung der eigenen Konzeptionen sehen. Wenn Pius IX. nicht auf diese Weise reagiert hätte, so hätte dies möglicherweise das Ende des Papsttums in Italien bedeutet und die Gefahr mit sich gebracht, daß die Kirche an den Rand der Bedeutungslosigkeit gedrängt worden wäre.

Welche zerstörerische Potenz in den beschönigend „Reformbestrebungen" genannten Kräften hauste, läßt sich an der Aggression, die dem Papst gegenüber an den Tag gelegt wurde, ablesen. Nachdem Pius zu erkennen geben ließ, er werde dem Druck von der Straße nicht weichen und stattdessen standhaft seine Position der Friedenspolitik weiterverfolgen, fielen Schüsse auf den Quirinalspalast, durch die sogar ein Bischof ermordet wurde. Der Papst wurde zum Gefangenen im Palast, bewacht und ständigen Drohungen ausgesetzt. Um seiner Pflicht als Oberhaupt der Kirche nachkommen zu können, plante er mit Hilfe des bayerischen Gesandten am Heiligen Stuhl, Karl von Spaur, die Flucht nach Gaeta im Königreich Neapel, das ihm unter König Ferdinand Asyl angeboten hatte, und die er am 24. November 1848 mit Tricks und einfacher Kutsche antrat. In der katholischen Welt gab es lebhafte Diskussionen. Aus vielen Ländern kamen Teilnahme- und Ergebenheitsbekundungen. Marseille und Avignon boten sich als Zufluchtsstätten an, sogar der russische Zar und Preußens König versprachen Hilfe.

Graf Antonio **Rosmini**-Serbati (1792–1855), universalgelehrter Priesterphilosoph, befreundet mit Manzoni und Cavour, Vermittlerrolle, begleitete Pius IX. nach Gaeta.

Inzwischen wurde am 9. Februar 1849 in Rom die Republik ausgerufen, jedoch von einer mehr als zweifelhaft anzuse-

henden Junta. Die völlige Volkssouveränität gemäß der Französischen Revolution wurde in Kraft gesetzt. Aus Gaeta kam eine Proklamation, die alle Gläubigen aufrief, nicht an der bevorstehenden Wahl einer allgemeinen Nationalversammlung (die durch ihre Vorgeschichte eher zweifelhafte Legitimität besitzen würde) teilzunehmen, da Pius IX. in ihr lediglich einen Angriff auf die weltliche Souveränität des Pontifex Maximus sah. Daß aber nur ein Bruchteil der zur Wahl aufgerufenen tatsächlich zur Urne ging, läßt auch Rückschlüsse zu über die Beliebtheit und die immer noch unbeschadete Autorität des Papstes, die er beim sogenannten „einfachen Volk" genoß. Das Volk als amorphe Masse wurde übrigens noch nie in der Geschichte von den Anführern einer Revolution als ernstzunehmende Größe befragt.
Mit dem Datum des 9. Februar 1849 wurde von der Allgemeinen Nationalversammlung die Errichtung einer reinen Demokratie unter dem Namen „Römische Republik" proklamiert. Pius ließ über Giacomo Kardinal Antonelli (den er zum Staatssekretär ernannte) einen förmlichen Appell an Frankreich, Österreich, Neapel und Spanien richten mit der Bitte um Intervention zur Wiederherstellung der weltlichen Macht und Unabhängigkeit des Papstes. Pius agierte zwar mit diplomatischem Geschick aus seinem Exil in der Nähe von Neapel, das erhoffte Eingreifen anderer Nationen verdankte er aber den Revolutionären selbst. Das Verhalten der beiden führenden Revolutionäre Mazzini und Garibaldi weckte das christlich-katholische Gewissen Europas. Der überzogene Nationalismus mußte Staaten wie Frankreich und Österreich aus der Reserve locken, und der provokante Antiklerikalismus ließ gerade in Frankreich, das sich in einer Phase der katholischen Restauration befand, den Wunsch nach einer Unterstützung für Pius wach werden. Interessant ist auch, daß alle europäischen Länder der revolutionären Regierung ihre diplomatische Anerkennung verweigerten.
Nicht nur Pius IX., sondern auch den meisten Repräsentanten der gemäßigten Republikaner und der anderen europäischen Länder wurde klar, daß es hier nicht um eine Bekämpfung der

rein weltlichen Macht der Päpste im Kirchenstaat ging, sondern um eine direkte Kampfansage an die Kirche und das von ihr verkündete Evangelium.
Die Entsatzung Roms durch die französischen Truppen und die teilweise Befreiung des Kirchenstaats durch Österreich ist neben einem Machtkalkül aller Beteiligten durchaus auch auf das religiöse Bewußtsein zurückzuführen. Im Juli 1849, nach langen und blutigen Gefechten um die Stadt Rom, war die Herrschaft des Papstes in der Ewigen Stadt wiederhergestellt.

Kirche ohne Kirchenstaat?

Pius verfolgte im Kampf um den Kirchenstaat nicht irgendwelche vordergründigen politischen Ziele, er handelte in Sorge um das Schicksal der Kirche als Gemeinschaft der Glaubenden.
Der Liberalismus hatte sich in seinem revolutionären Gehabe fast immer als Feind der Kirche und des Glaubens gezeigt. Pius definierte seine „Herrschaft“ nie von seinem geistlichen Fürstentum her. Mazzini und Garibaldi waren für ihn Zeugen einer areligiösen und nationalistisch überhöhten Gesinnung, der es nicht um Demokratie oder Freiheit ging, sondern um die Vernichtung der geistigen Ordnungsfunktion und Gestaltungsmacht der Kirche. Anstelle von Kirche, Glaube und Religion sollte ein fast numinos verklärtes Volk treten, gleichsam als Religion seiner selbst. Für Pius stand seine weltliche Herrschaft im Dienst seines religiösen Amtes. Sie garantierte ihm die uneingeschränkte, weil politisch unabhängige Ausführung seiner hochgesteckten pastoralen Ziele.

Cavour - der Reichsgründer

Camillo Benso Conte di Cavour (1810–1861): Architekt der Einigung Italiens. Führte dazu konservative u. revolutionäre Kräfte zusammen. Sein Antiklerikalismus riß für Jahrzehnte eine Kluft zwischen Kirche u. ital. Staat. Am 18.3.1861, nur wenige Monate vor seinem Tod,

Mit der Politik des Piemonteser Ministerpräsidenten Graf Camillo Benso di Cavour beginnt das eigentliche Risorgimento.
War Cavour „vielleicht der größte Staatsmann des 19. Jahrhunderts“, den viele Historiker neben, oftmals über Bismarck als den zweiten großen Reichsgründer stellen? Cavour, über den es im deutschen Sprachraum nur wenig Literatur zu entdecken gibt, wird vielfach als reiner Rationalist oder als durch und durch liberal gesinnter Politiker gesehen, der weniger Visionen vermitteln wollte, als vielmehr perfektionierten bürokratischen Eifer als Maßstab seiner Politik ansetzte. Sein Weltbild setzte sich aus dem Geiste der späten Auf-

klärung französischer Einfärbung und der Weitläufigkeit eines in mehreren europäischen Städten aufgewachsenen Bürgers Europas zusammen.

proklamierte er das Königreich Italien mit der Hauptstadt Rom. Siehe PETER STADLER, *Cavour*, 2001.

Seine öffentliche politische Karriere begann 1852, als ihn König Vittorio Emanuele II. zum Ministerpräsidenten des kleinen Königreichs Sardinien-Piemont ernannte. Erzogen war er in französischer Atmosphäre und aufgewachsen mit der Kultur und Sprache der angrenzenden Grande Nation wurden sogar seine Parlamentsreden einer stilistischen Überarbeitung unterzogen, weil er das Italienische nicht ausreichend beherrschte. Er war gar kein echter Italiener und verstand sich auch als Europäer, als Bürger, ein Stand, der in jenen Jahren eine nicht geahnte Wertschätzung erfuhr, die Wertschätzung eines neuen modernen und fortschrittlich-liberalen Europa. Genf, Paris und London wurden ihm zur Heimat. Und obwohl in jeder Stadt Italiens eine Piazza Cavour existiert, so wirkt die Identifikation mit ihm eher staatspolitisch unvermeidbar als innerlich getragen.

Cavour war auch ein feister Lebemann, der die kulturliberale Freizügigkeit und die Bequemlichkeit des technischen Fortschritts genießen konnte. Dennoch war Italien wegen seiner für ihn rückständigen Entwicklung in vielen Bereichen der Technik, des Rechts und der geistig-kulturellen Situation seine Verpflichtung. Es sollte einen gebührenden Platz innerhalb der europäischen Nationen einnehmen.

Zusammen mit Cesare Balbo gründete Cavour 1847 die Zeitschrift Risorgimento, die dem gesamten politischen Prozeß der Reichsgründung ihren Namen geben sollte. Er modernisierte den Staat Sardinien-Piemont und betrieb die Einigung Italiens auf internationaler Ebene. Bei der Friedenskonferenz 1856 in Paris bezeichnete Cavour mit dem Einverständnis des französischen Königs Napoleon III. die Italienfrage als ein internationales Problem. Auf der Konferenz kam es jedoch auch zu einigen unschönen Äußerungen gegenüber dem Kirchenstaat. So sprach der englische Gesandte Lord George Clarendon vom Kirchenstaat als einer „Schande für Europa“.

Für Cavour war das oberste Ziel zunächst die Befreiung weiter Teile Norditaliens von der österreich-habsburgischen Fremdherrschaft. Mit einem geschickten Schachzug konnte er Napoleon Bonaparte III. zu einem Krieg gegen Österreich bewegen, der 1859 seinen Anfang nahm. Seine Politik scheute sich auch nicht, das kleine Sardinien-Piemont an der Seite der Franzosen in den Krimkrieg ziehen zu lassen und große menschliche Verluste in Kauf zu nehmen. Trotz großer militärischer Erfolge in den Schlachten von Magenta und Solferino wurde das Unternehmen Italien für die Franzosen zu teuer und ließ sie vor einem ausgedehnten und möglicherweise langandauernden Krieg zurückschrecken. Napoleon schloß eine vorläufige Übereinkunft mit den Österreichern. Die Habsburgmonarchie trat den größten Teil der Lombardei an Frankreich ab, das wiederum die lombardischen Städte Peschiera und Mantua an Sardinien-Piemont abtrat. Ganz Italien war in euphorischer Einigungsstimmung.
Für Pius wurde das besonders nach seiner Rückkehr in den Vatikan am 12. April 1850 immer mehr spürbar. Seine konsequente Ablehnung liberalistischer Strömungen wurde in den folgenden Jahren nur noch bestärkt durch die sich abzeichnende antikirchliche Politik des neuen Italien. Seit Beginn der Republik im Jahre 1849 ließ sich im Zuge der in ganz Italien auflodernden Einigungskriege die weltliche Macht der Kirche seit 1859 auf nur noch wenigen kleinen Gebieten halten. Die Emilia Romagna, die Marken und Umbrien verlor Pius an das neuentstehende Königreich Italien. Und lediglich durch die Unterstützung der französischen Truppen konnte er Rom noch halten. Die Hauptstadtfrage trat nach der territorialen Einigung in den Vordergrund.
Das Verhältnis des Papstes zum Ministerpräsidenten Cavour läßt sich am besten an dessen Reaktion auf Cavours Formel einer „freien Kirche in einem freien Staat“ ablesen. Am 27. März 1861 hielt Cavour seine berühmte Rede in Turin, die eine neue Verhältnisbestimmung zwischen Staat und Kirche, ein friedliches und konstruktives Miteinander begründen sollte. Die von Cavour gemachten Angebote klangen für eine „liberal“ gesinnte

Regierung aufs erste geradezu freiheitlich. Er lehnte sowohl die durch den Geist der Aufklärung der Kirche auferlegten Einschränkungen ab wie die Einmischung geistlicher Macht in die politischen Geschehnisse des Landes. Cavour kann als Laizist, als Vertreter einer strikten Trennung von Kirche und Staat angesehen werden. Eine gegenseitige Nichteinmischung mochte für Pius noch akzeptabel sein. Die logischen Konsequenzen einer völligen Trennung aber, wie z. B. die Laisierung bürgerlicher Einrichtungen wie Schulen und Universitäten oder von Institutionen wie der Ehe waren für die Kirche und ihr Oberhaupt kaum hinnehmbar. Und obwohl Cavour in einer Senatsrede 1861 in Turin noch einmal einen dringlichen Appell an Pius richtete, bot die politische Realität ein anderes Bild. Während Cavour die sicherlich ehrlich gemeinten Worte an den Papst richtete: „Heiliger Vater, akzeptiert die Verträge, die das befreite Italien euch anbietet, akzeptiert die Verträge, welche die Freiheit der Kirche sichern, den Glanz des Sitzes, an den die Vorsehung sie hingestellt hat", wurden antiklerikale Maßnahmen oftmals rigoros und gegen einzelne Kirchenvertreter brutal durchgesetzt. Erzbischöfe wie Cosimo Kardinal Corsi von Pisa wurden verhaftet. Cavour genehmigte ein derartiges Vorgehen. Wie also sollte Pius auf das Angebot einer neuen Beziehung zwischen Kirche und Staat eingehen, wenn sich die verbalen Ankündigungen nicht mit der politischen Realität deckten? Pius war das Anliegen Cavours bekannt, er reagierte einfach nicht.

Der Papst beobachtete in seiner Umgebung ein sich rasch ausbreitendes säkulares Lebensgefühl, das in anderen europäischen Ländern seit dem Ende der Revolutionen des 18. Jahrhunderts sich langsam und allmählich durchzusetzen begann und jetzt in Italien in wenigen Jahren mit seiner Rasantheit und Kompromißlosigkeit ungeheuren geistlichen Schaden anrichten mußte. Der geistliche Stand wurde politisch diskriminiert, Bistümer blieben unbesetzt und zahlreiche Priester wurden in ganz Italien wegen ihrer antinationalen Haltung verhaftet.

Pius IX. zeichnet sich in den Jahren, die definitiv zu einem einheitlichen Staatengebilde Italien führten, als vorausschauender

Lenker seiner ihm anvertrauten Herde aus: realistisch genug, die geflügelten Worte des Ministerpräsidenten als zwar ehrlich gemeintes Angebot zu deuten, ihnen aufgrund der Gegebenheiten aber die nötige Relevanz abzusprechen.
Pius sah sich in seiner Einschätzung des Liberalismus und aller revolutionären Kräfte Italiens bestätigt: Alle religionsfeindliche Propaganda, alle antikirchlichen Gesetze und Maßnahmen sind das Produkt jener Politik, die sich aus der aufklärerischen Weltanschauung heraus definiert. Pius war ein Papst, dem es um Fragen und Begründungen prinzipieller Natur ging. Er stellte sich nicht gegen eine Einigung Italiens, weil er den Kirchenstaat mit allen Mitteln verteidigen wollte, sondern es ging ihm um den Erhalt seiner Territorien, um sich unbeschadet und ohne Einfluß der von ihm strikt abgelehnten liberal-aufklärerischen Politik den Aufgaben widmen zu können, zu denen ihn sein Amt verpflichtete. Aus der Defensive heraus erkannte er die elementaren Gefahren, die sich hinter den euphorischen Worten eines geeinten Italiens und einer Trennung von Kirche und Staat verbargen. Seine eigene tiefe Religiosität ließ in ihm auch den Gedanken des Kampfes zwischen Gut und Böse wachsen. Spirituell vertraute er stets auf das Eingreifen des Übernatürlichen, das ihm zu Hilfe eilen werde, wenn Kirche und Glaube in Gefahr sind. Man sollte diesen Charakterzug Pius' nicht vorschnell mit einem Mystizismus verwechseln, der sich von jeder realistischen Einschätzung der Wirklichkeit verabschiedet hat. Pius war Diplomat und Politiker der Sache Gottes, der er sich sein ganzes Leben lang verschrieben wußte und für die er zeit seines Pontifikats eingetreten ist. Ebenso darf seine Skepsis gegenüber den neuen Verhältnissen in Italien nicht als reiner Konservatismus abgehandelt werden, dem jede Neuerung schon als Zerfallserscheinung eines geschlossenen Weltbildes erscheinen mußte. Pius war ein Seelsorger und Priester, der sich durch die sardinisch-piemontesischen antikirchlichen Maßnahmen in der Ausübung seines pastoralen Wirkens zutiefst eingeschränkt sah. Daß er während des Prozesses der Einigung Italiens auch seelsorgliche und theologische Akzente zu setzen wußte, macht deutlich, daß er unter den gegebenen Umstän-

den einer unruhigen Zeit sein Hirtenamt nicht vernachlässigte. Das Bestehen auf die Rechte der Kirche erwies sich im Nachhinein als Notwendigkeit, die kirchliche und religiöse Substanz in Italien und darüber hinaus in ganz Europa zu bewahren. Eine Kirche und ein Papst, eingezwängt in die Ränkespiele eines sich formierenden Nationalstaates mit liberal-aufklärerischer Gesinnung, das hätte schlimmere Konsequenzen nach sich gezogen: Bevormundung, Diskriminierung, Behinderung der Ausübung seelsorglicher Aufgaben und das Ende der kirchlichen Souveränität. Auch an die Gefahr einer geistigen Aushöhlung und einer Marginalisierung der Religion und des Glaubens sei hier erinnert. Zudem stellt sich das Engagement dieses Papstes gegen einen ausschließlich von der Nation her definierten Staat, der zwangsläufig in den Nationalismus führen muß (nicht umsonst pflegte gerade Mussolini das Andenken Vittorio Emanueles II. mit Nachdruck), als vorrauschauend und visionär dar.

Re d'Italia – Das Königreich Italien

Vgl. zu diesem Kapitel RUDOLF LILL, *Geschichte Italiens in der Neuzeit*, 1988

Mit der Erhebung Vittorio Emanueles II. zum König von Italien am 17. März 1861 wurde Cavour auch Ministerpräsident des neuformierten, geeinten Italiens. Ein neues Kapitel des Risorgimento wurde aufgeschlagen. Die Einheit war faktisch vollzogen. Außer Venedig und Rom war Italien zu einem Staatengebilde zusammengewachsen. Bereits zehn Tage später faßte das italienische Parlament den Beschluß, Rom zur Hauptstadt zu ernennen. Mit dieser Forderung, die Hauptstadt ausgerechnet in der Stadt des Papstes, der ja Bischof von Rom ist, anzusiedeln, waren neue Schwierigkeiten und Auseinandersetzungen vorprogrammiert. Während der Söldner Giuseppe Garibaldi nach seinem Erfolg in Sizilien auf Rom marschierte, ergriff Carlo Passaglia, der die weltliche Potenz der Kirche für zweitrangig und den Kirchenstaat für verzichtbar hielt, die Initiative. Getragen von dem Wunsch, Italien mit der Kirche, den Glauben mit der Politik zu versöhnen, wandte er sich an Pius. Der Pontifex, der Bischof von Rom und Hüter der Gräber der Apostelfürsten dürfe Rom nicht verlassen, was ihm nahegelegt worden war. Er müsse, so Passaglia, *prope ecclesiam* bleiben, also seiner Residenzpflicht als Bischof der Diözese nachkommen. Beide Argumente, das kirchenrechtliche und das theologische (der Papst schöpfe seine Kraft und Autorität aus der Nähe zum Petrusgrab), wurden 1862 noch ergänzt mit der flehentlichen Bitte um den Frieden zwischen Italien und Kirche. „Vernehmen Sie, heiligster Vater, von dem einen Ende dieses unseres Italiens zu seinem anderen eine einmütige Stimme, die Stimme der Religion, der katholischen Frömmigkeit: ‚Es lebe der Papst'; aber hören Sie auch eine zweite, die Stimme des Patriotismus und

Carlo Passaglia (1812–1887) gilt als bedeutenster Theologe der Römischen Schule (vgl. S. 104). Sein Einfluß gipfelte in der Vorbereitung der Definition der Unbefleckten Empfängnis Mariens 1854. 1857 Rückzug, 1859 Austritt aus dem Jesuitenorden; Mitglied i. e. theol. Kommision zur italien. Frage, Vermittler zwischen Cavour und Vatikan.

der nationalen Unabhängigkeit: ‚Es lebe Rom'." Passaglia, einer der großen Theologen der Römischen Schule, sprach sicher das aus, was viele hofften. Die neu entstandene Nation dürfe nicht zu einem Schauplatz eines sich in ihrem Inneren abspielenden Kampfes werden, der politische Stabilität und internationale Anerkennung auf leichtfertige Weise gefährde. Der italienische Klerus unterstützte Passaglias Initiative mit einer Unterschriftenaktion, an der fast Zehntausend sich beteiligten. „Pace", Friede, so Passaglia, könne nur der Papst sagen und der Zukunft Italiens eine Perspektive geben. Der italienische Klerus, unmittelbar mit den Sorgen und Nöten der Menschen konfrontiert, hatte zunehmend Angst, restriktive Maßnahmen des Staates würden schon bald seine uneingeschränkte Tätigkeit als Seelsorger beeinträchtigen, wenn es nicht zu einer friedlichen Lösung der Hauptstadtfrage kommen würde.

Garibaldi - der Reichskrieger

1866 schloß Italien ein militärisches Bündnis mit Preußen gegen Österreich und war somit in der Lage, innerhalb von sieben Wochen Venedig zu erobern. Die Stadt der Dogen wurde als vorletzte habsburgische Enklave dem neuen Italien eingegliedert. Die erkorene Hauptstadt Rom blieb weiter unerreichbar. Es ist der französischen Schutzmacht zu verdanken, daß Rom, damals ausschließlich als Stadt des Papstes verstanden, bis 1870 nicht in die Hände des Freischärlers Garibaldi fiel. 1867 erlitt der Nationalheld bei Mentana eine empfindliche Niederlage. Der Oberbefehlshaber der italienischen Truppen mußte noch drei Jahre warten, bis er endlich in Rom einmarschieren konnte. 1870, während Pius IX. das *Erste Vatikanische Konzil* abhielt, rückten die französischen Truppen aus der Stadt ab, um im deutsch-französischen Krieg die drohende Niederlage abzuwenden. Rom

Giuseppe Garibaldi: (1807–1882): Als nationaler u. republikanischer Freiheitskämpfer war er die volkstümlichste Persönlichkeit der ital. Einheitsidee. Er führte 1862 u. 1867 die entscheidenden Kämpfe gegen den Kirchenstaat. Seinem Ideal eines geeinten Italien nach antikem Vorbild standen das Papsttum u. der Klerus im Wege, denen er mit unauslöschlichem Haß begegnete.

wurde zu einer schutzlosen Heimat für den Papst. Pius, so wird berichtet, fuhr in diesen Tagen häufig zur Scala Santa, der früheren Privatkapelle des Papstpalastes bei S. Giovanni in Laterano, und erklomm die Stufen, die aus dem Richtersaal des Pontius Pilatus stammen sollen und auf denen der Legende nach Christus selbst zu seinem Richter emporgestiegen sein soll, um für den Schutz und das Leben der letzten der ihm verbliebenen Soldaten zu beten.

Am 20. September 1870 eröffnete die Artillerie des Königs von Italien das Feuer. Pius, seinem Amt als Botschafter des Friedens verpflichtet, mahnte seine treuen Soldaten, nur einen symbolischen Widerstand zu leisten, gerade so viel, daß die Welt nicht behaupten könne, Rom wäre kampflos den Eindringlingen übergeben worden. Nach nur kurzer Zeit wurde auf der Kuppel des Petersdomes eine weiße Fahne gehißt.

Damit war das Ende des Kirchenstaates besiegelt. Papst Pius hatte sein Gesicht als Verwalter der heiligen Stätten wahren können, ohne seinen ihm eigenen Realitätssinn zu verleugnen. Die Lage hatte sich aussichtslos entwickelt und der Papst genau gewußt, daß ein militärisches Vorgehen nur zum Vergießen unschuldigen Blutes geführt hätte. Rom wurde also italienisch. Der König richtete sich im Quirinalspalast ein, der Papst mußte sich in den Vatikan zurückziehen, wo er in selbstgewählter Gefangenschaft 1878 nach dem bisher längsten Pontifikat der Kirchengeschichte starb. Der neue Königspalast wurde aber von vielen ausländischen Staatsgästen jahrzehntelang gemieden, um eine politische und religiöse Verstimmung der Beziehungen mit dem Papst zu vermeiden. Nach einem Volksentscheid 1871 wurde Rom offiziell zur Hauptstadt des Königreichs Italien.

Pius IX. - Förderer der Archäologie

Die umfangreiche Beschäftigung mit dem italienischen Einheitsstreben ist allein schon deshalb notwendig gewesen, weil sich eine zeitliche Parallele zwischen dem Pontifikat Pius' IX.

und den politischen Veränderungen zeigen läßt. Der Papst behielt stets eine innere Distanz zu den umstürzlerischen und für ihn und die Kirche so gefährlichen Ereignissen zwischen 1848 und 1870 wie bis zu seinem Tod. Er widmete sich den Themen und Aufgaben, die sein Amt ihm auferlegten. So förderte er mit großem Interesse und Ehrgeiz die Erschließung frühchristlicher Kunst und Baudenkmäler. Zwei Namen – auf de Waal haben wir S. 16 hingewiesen – seien hier genannt, an deren Arbeit Pius regen Anteil nahm: Luigi Canina und Giovanni Battista de Rossi. Canina (1795–1865) beschäftigte sich mit Ausgrabungen an der Via Appia und hielt zahllose antike Funde in Zeichnungen und Radierungen fest. De Rossi tätigte archäologische Ausgrabungen im Kolosseum, auf dem Forum und schließlich an der Via Appia. Dort fand er die immer noch so gut erhaltenen Katakomben von S. Calisto und S. Agnese.

Giovanni Battista de Rossi (1822–1894) begründete die christliche Archäologie *(Roma sotteranea christiana,* Rom 1864–77). 1849 entdeckte er die Callixtus-Katakombe, später dort die Papstkrypten und das Cubiculum des Diakons Severus. Weitere Ausgrabungen folgten sowie bedeutende Publikationen, z. B. das *Martyrologium Hieronymianum.*

Bei der ersten Besichtigung der Callixtus-Katakomben mit der Krypta der Päpste des dritten Jahrhunderts konnte Pius IX. seine tiefe Rührung nicht verbergen. Seine Augen füllten sich mit Tränen. Als der Archäologe ihm die Marmortafel mit jener Inschrift zeigte, auf der Papst Damasus I. (366–384) die in der Katakombe bestatteten Märtyrer und Bischöfe pries, fragte der Papst, fast ungläubig: „Sind das wirklich die Gräber meiner Vorgänger, ruhen sie hier?" Archäologie wurde für diesen Papst zur Begegnung mit der eigenen Vergangenheit, aber auch mit der frühen Kirche, die er als Maßstab für die Gegenwart heranzog. Es entspricht seiner Frömmigkeit, in der sinnlichen Begegnung mit der Geschichte die Erfahrung des Hineingestelltseins in einen größeren Zusammenhang zu machen, der von jeher katholisches Glaubensgut ist. Wir können nie alleine Christ sein, sondern stets nur in der Gemeinschaft *(Communio)* mit denen, die vor uns oder nach uns an die Erlösungsgnade in Christus glauben. Diese ursprunghafte Aufgabe der Kirche, das Heil, das sich in Christus ein für alle mal in die Welt hinein geoffenbart hat, gegenwärtig zu setzen, wird am sinnenfälligsten in der konkreten Visualisierung der Vergangenheit, „aus der wir kommen", und die uns und unserem Glauben vorangeht. Pius IX. fand in der Archäologie die greifbare Vergegenwärtigung dafür, daß er in einer langen Kette der Tradition und der Nachfolge stand. Sie wurde ihm zum sichtbaren Plausibilitätsgrund seines Amtes.

Pius und die Technik

Gerne wird Pius als Feind des Fortschritts hingestellt. Seine persönliche Begeisterung für neue technische Errungenschaften ignoriert dieses (Vor-)Urteil geflissentlich. Seit der Mitte des 19. Jahrhunderts hatten technische Erfindungen in ganz Italien und dem Kirchenstaat Einzug gehalten. Ein neues Kräftesystem, die Hydraulik, moderne Formen der Kommunikation, das Telegraphieren, die Dampfkraft, Maschinen aller Art und die Eisenbahn veränderten das Lebensgefühl und die konkrete Situation des persönlichen Lebens in rapider Geschwindigkeit. Pius nutzte diesen Innovations- und Erfindungsschub mit großer Selbstverständlichkeit. Sein besonderer Stolz war ein eigener Zug mit weiß und goldfarben lackierten Waggons samt integrierter Kapelle. Pius war neugierig. Oft ging er durch die Stadt und beobachtete die rasch Form gewinnenden Baustellen. Der erste Zug, der mit 50 km/h von Rom nach Frascati aufbrach, wurde vom Papst persönlich gesegnet.
Als Pius den britischen Industrieminister Lord John Manners bei der Einweihung der stählernen Zugbrücke über den Tiber in der Nähe der Porta Portese traf, konnte er es sich nicht verkneifen, seine Technologiebegeisterung mit Stolz und Schalk zu demonstrieren: „Es freut mich sehr, Sie zu treffen, besonders in diesem Augenblick. Sie werden, wenn sie nach London zurückkehren, sagen können, daß der Pontifex von Rom nicht immer nur betet und sich mit Weihrauch und Mönchen umgibt. Und Sie werden der Königin sagen können, daß der Industrieminister Ihrer Majestät eines Tages den alten Papst angetroffen hat, wie er inmitten aller am Bau Beteiligten die

Einweihung einer neuen Brücke über den Tiber miterlebte und den technischen Mechanismus der neuen Erfindung höchstpersönlich ziemlich gut erklären konnte" (zitiert nach: Hibbert, S. 298).

CHRISTOPHER HIBBERT, *Rom*, 1987 (Kurztitel = **Hibbert**)

Eine falsche Moderne und ein alter Trick

Das Ereignis an der Tiberbrücke spiegelt das moderne, das heißt hier: neugierige und am technischen Fortschritt interessierte Bewußtsein des Papstes wider. In der Beurteilung seines Verhältnisses zur „Moderne" wird gern der Fehler gemacht, seine grundsätzlich ablehnende Haltung gegenüber den Veränderungen der politischen und geistig-kulturellen Situation durch einen Liberalismus, der mit Kirche und Glauben unvereinbar ist und beide bekämpft, mit der mangelnden Begeisterung für wissenschaftliche und technische Errungenschaften zu verwechseln.

Das Vorurteil, der Papst lehne die technische und wissenschaftliche Erneuerung ab, ist das Ergebnis eines alten demagogischen Taschenspielertricks: Man möchte den Papst und die Kirche für seine politischen Zwecke einspannen. Ließe der Papst dies zu, verriete er sein Amt und lieferte die Kirche Jesu ans Messer. Schon diese Absicht verrät dem Papst die Glaubensferne der ganzen Bewegung. Er hält sich also zurück, schützt seine Kirche. Die erboste Reaktion darauf, daß der Papst sich nicht zum Hampelmann und Zeremonienmeister politischer Kräfte (deren Aktionen er brav „absegnen" soll) machen läßt, verrät diese schon zur Genüge: Ihre Haltung wird zusehends haßerfüllt antikirchlich. Die dahinterstehende Ideologie zeigt ihr totalitäres Gesicht. Sie nennt sich zwar immer noch „liberal", hatte aber von Anfang an die Tendenz, sich die gesamte Wirklichkeit – also auch die des Glaubens, der Familie und der Privatsphäre – zu unterwerfen (wie der Sozialismus auch). Um aber nun in der Öffentlichkeit weiterhin gut dazustehen, stellt sie sich als Teil einer insgesamt modernen, progressiven Wirklichkeit hin, eines unweigerlich zu akzeptierenden, großartigen Fortschritts. Aus dieser „modernen Welt" greift die liberalistische Propaganda nun einen Teilbereich auf, der mit ihrer Politik unmittelbar gar nichts zu tun hat, aber nun – ist die Propagandalüge gut angekommen – mit ihr zusammen als „modern" wahrgenommen wird und vor allem für die Bevölkerung Annehmlichkeiten und Erleichterungen, also Fortschritt und Faszination mit sich bringt: die Technik, die Medizin usw. Und jetzt wird die Öffentlichkeit folgendermaßen manipuliert: „Der Papst ist gegen uns (weil er nicht für uns ist). Wir sind aber modern. Also ist der Papst gegen die Moderne. Der Papst will dir also die Eisenbahn, das elektrische Licht, die Telegraphie und die Röntgenstrahlen wieder wegnehmen." Da es die Kirche schon sehr lange gibt und sie keine Veranlassung hat, alles schon deshalb gutzuheißen, weil es neu ist, fällt es dann auch nicht schwer, sie als „mittelalterlich" hinzustellen.

Das in dieser Hinsicht „unverdächtige" *Zweite Vatikanische Konzil* sah sich circa 100 Jahre später durchaus zu Warnungen gegenüber einem naiven Fortschrittsoptimismus veranlaßt (vgl. AA 7; GS 37; 57 in: *Kleines Konzilskompendium,* hrsg. v. Rahner/Vorgrimler, 17. Aufl. 1984, S. 397, 483, 510)

Die Argumentation wechselt zwischen technischer und wissenschaftlicher Moderne und geistig-politischer Modernisierung hin und her. Für beide gilt: Nur weil es neu ist, ist es noch nicht gut. Aber die Beweglichkeit, die Kommunikation und die Annehmlichkeit des Lebens zu verbessern ist für sich gesehen positiv, wenn auch alle Errungenschaften in ihrer langfristigen Wirkung betrachtet und bewertet werden müssen. Etwas anderes ist es, mit abstrakten und attraktiven Begriffen wie Freiheit und Aufklärung Propaganda zu betreiben, um eine Politik durchzudrücken, die sich letztlich gegen Schutz-, Lebens- und Orientierungsräume des Menschen richtet, wie Kirche, Familie und Tradition. Sozialismus und National-Sozialismus haben diese Gehäuse niedergerissen, um sich des Einzelnen unbegrenzt bemächtigen zu können. Doch den Anfang machte der Liberalismus. Rasse oder Klasse kommen nur als wirksame Kategorien hinzu, um dem nunmehr entfremdeten Einzelnen ein Kollektiv als Ersatz für die humane Beheimatung zu bieten, ein Ersatz freilich, der die Manipulation des Individuums mittels einer effizenten Sozialkontrolle deut-

lich steigert. Die Kirche hat daher alle drei modernen Ideologien stets abgelehnt. Um des Menschen willen.
Aber die vollständige Abgrenzung der „Moderne" gegenüber wurde der Kirche auferlegt und zwar von den politischen und intellektuell institutionalisierten Geistern der Revolution, welche der Kirche ihre gesellschaftliche Relevanz absprechen wollte.

Der Osservatore Romano

Am 1. Juli 1861, also wenige Monate nach der Proklamation des Königreichs Italien erschien die erste Nummer der Vatikanzeitung *L'Osservatore Romano* (Der Römische Beobachter). Pius bediente sich erstmals in der Geschichte des Papsttums eines Massenmediums, um die Weltöffentlichkeit zu erreichen. Vor dem Hintergrund einer Mediengesellschaft, wie wir sie heute haben, ist dieser Schritt nicht nur als äußerst modern, sondern geradezu als visionär anzusehen. Das Erscheinen des *Osservatore* verfolgte zuerst klare apologetische Zwecke. Der Kirchenstaat sollte gegenüber den ihn bedrängenden Kräften als eigenständige politische Größe erhalten bleiben.
Pius sah sich innerhalb weniger Jahre von neuen Medien der Kommunikation umgeben. Er bediente sich des Telegraphen und der Printmedien, um seine Vorstellungen und die der Kirche zu verbreiten. Infolge des zunehmenden Verlustes territorialen und politischen Gewichtes in Italien gefielen sich viele katholische Intellektuelle aus ganz Europa darin, dem Papst ihre literarischen Dienste anzubieten.
Die erklärten Ziele des *Osservatore* lauteten: 1. Die gegen Rom und den Papst in Umlauf gebrachten Verleumdungen und Anschuldigungen zu enthüllen und zu widerlegen; 2. Berichte über das Tagesgeschehen in und um Rom zu veröffentlichen; 3. Prinzipien der katholischen Religion sowie die Grundsätze von Recht und Gerechtigkeit zu bewahren und in Erinnerung zu rufen; 4. Information über die Pflichten des Einzelnen gegenüber dem Vaterland zu liefern; 5. Anregungen zu einer ver-

stärkten Verehrung des Papstes zu geben; und 6. Kunst, Literatur und Wissenschaft aufbereitet dem Leser zu vermitteln. Vieles von dem, was hier grundgelegt wurde, erinnert an eine Tageszeitung unserer Zeit. Der *Osservatore* beinhaltete alle Facetten journalistischer Fertigkeit. Aktualität, ein eigenes Profil, Förderung der eigenen Position und eine Art Feuilleton charakterisieren jede Ausgabe der päpstlichen Zeitung – bis heute.

Der *Osservatore* wurde in der Folge der Ereignisse zu einem oppositionellen Organ im Königreich Italien. So erschien im Gefolge des Einbruchs der königlichen Truppen unter Garibaldi am 20. September 1870 am 17. Oktober auf der Titelseite eine Loyalitätserklärung gegenüber dem Papst. Die Zeitung werde „jenem unwandelbaren Prinzip von Religion und Moral, als dessen alleinigen Bewahrer und Anwalt sie den Stellvertreter Jesu Christi auf Erden anerkennt", treu bleiben.

Die erste Nummer des *Osservatore* hatte einen Umfang von vier Seiten, auf denen alle polemischen Themen vertreten waren, die auf lange Zeit hin den Leitartikeln ihr Profil gaben. Der ursprüngliche Untertitel lautete: „politisch-moralische Zeitung", was aber bereits am Ende des Gründungsjahres 1861 durch das bis heute verwendete und immer gültige Motto *unicuique suum – non praevalebunt* ersetzt wurde. Seit 1949 gibt es auch nationale Redaktionen, so etwa in Deutschland, Frankreich und Portugal. Mit der Gründung des *Osservatore Romano* legte Pius IX. den Grundstein für ein neues Zeitalter der Kommunikation auch in der Kirche. Täglich konnte sich der interessierte Leser über Ereignisse innerhalb des Vatikans und des Kirchenstaates informieren oder anhand der eher kulturell geprägten Berichte Einblicke in die Kulturgeschichte gewinnen. Daneben bemühte sich der *Osservatore* um Erläuterungen des Glaubensgutes und druckte katechetisch-pastoral motivierte Artikel ab. Das sich so herausbildende Profil ist die Folie für das Pontifikat des Mastai-Papstes. Obwohl er sich mit Politik beschäftigen mußte, weil die Zeitumstände es erforderten, war sein eigent-

Verbindung der alttestamentlichen Hoffnung auf individuelle Gerechtigkeit – *„jedem Einzelnen das Seine"* – mit der Zusage Jesu an die Kirche im Anschluß an das Felsenwort: „Und die Pforten der Hölle werden sie *nicht überwältigen"* (Mt 16,18; vgl. Randnote u. Text S. 71).

liches Interesse auf die seelsorglichen und kulturellen Akzente gerichtet. Pius beschritt mit dem *Osservatore* neue Wege, welche die Kirche auf die sich abzeichnenden technischen Veränderungen und neuen Mittel der Kommunikation vorbereiteten.

Rom wird weltlich

Nachdem Rom zur Hauptstadt des Königreichs Italien geworden war, veränderte sich auch sein äußeres Erscheinungsbild. Der englische Klassiker Henry James beschreibt den Wandel, den Rom in nur zwei Jahren, zwischen 1869 und 1871 vollzogen hat, als einen bedauerlichen. Die Kardinäle, die sich ebenso wie Pius als Gefangene der vatikanischen Mauern verstanden, sind aus dem öffentlichen Leben der Stadt verschwunden. Das einstige Selbstverständnis der Kirchenfürsten, auf dem Pincio zu flanieren und sich in ihren farbenprächtigen Gewändern zu zeigen, ist erloschen. „Denn wenn sie heute dahinschreiten, blitzt unter dem sich hebenden Gehrock nur noch ein Schimmer scharlachroter Strümpfe hervor und läßt den Betrachter seufzend den Sieg der Zivilisation über die Farbe betrauern" (frei nach: Hibbert, S. 302). Aus dem Straßenbild verschwanden auch die tiefroten Kutschen der Kardinäle und die bis 1870 allgegenwärtige Präsenz des Papstes auf den Plätzen und Prachtstraßen Roms. Das Schwelgen in der Vergangenheit, das hier anklingt, entspricht dem Weltbild, das seine Energie aus einer verklärten romantischen Sicht früherer Zeiten genommen hat. Das 19. Jahrhundert durchlebte eine selbstkreierte Renaissance, die sich als einziger Weg für eine sichere Gestaltung der Zukunft hervortat. Gerade Rom galt vielen als neues Arkadien, als ideale Umsetzung einer religiös geprägten Gesellschaft, an deren Spitze der Papst stand. Antike und Kirche gingen, so in den Augen zahlloser Künstler aus ganz Europa, eine Symbiose ein, die bei vielen utopisch-ideelle Züge bis hin zu einer unkritischen Verklärung der Vergangenheit annahm.

Henry James (1843–1916), Schriftsteller: seine Romane wurden ein Jahrhundert später als Filmstoff populär, z. B. *The Portrait of a Lady* (1881, verfilmt von Jane Campion, USA 1996) oder *The Golden Bowl* (1904, verfilmt von James Ivory, USA 2001).

Wer aus diesem Geiste lebte, dem mußten zahllose Neubauprojekte und die Heerscharen von Beamten und Diplomaten, die sich um den König und zur Erhaltung der politischen Handlungsfähigkeit in Rom einfanden, als Zerstörung des geschlossenen Weltbildes erscheinen. Rom war nicht mehr die Stadt des Papstes, wie sie es über Jahrhunderte gewesen war. Der Kampf um Rom war verloren. Hat sich Pius IX. dies als seine eigene Schuld angerechnet? Wir wissen es nicht. Aber das Bewußtsein, nun als Zentrale der Weltkirche schutzlos und machtlos allen künftigen Regierungen und Zuständen ausgesetzt zu sein, muß den Papst mit tiefer Sorge erfüllt haben. Eine Sorge, die sich nicht um sein Leben und dessen Unversehrtheit drehte, sondern um die Handlungsfähigkeit, um die Freiheit, um die Unerpreßbarkeit der Kirche. Man kann verstehen, daß sich Resignatives und Bitteres in die Züge jenes Papstes mischte, der sich als Gefangener des Vatikans sah. Weltweit wurde die Isolierung Papst Pius' IX. als das Ende einer Epoche der Kirchengeschichte empfunden. Nur noch einmal glänzte etwas von der Glorie vergangener Tage auf. Am 3. Juni 1877 feierte die Welt das goldene Bischofsjubiläum des Papstes. Ein halbes Jahr später verstarb er am 7. Februar 1878 im Bewußtsein der Enttäuschung, aber auch im Wissen, alles getan zu haben, was für sein Amt Verpflichtung war.

Rom als Caput Mundi

Das Pontifikat Pius' IX. wäre jedoch nur unzureichend beschrieben ohne seine weltkirchlichen Erfolge. So setzte er sich bereits 1850 für die Wiederherstellung der Hierarchie für 700000 Katholiken im Königreich England ein und ernannte zum ersten Erzbischof von Westminster seit der Reformation den Theologen Nicholas Wiseman, den er wenig später in das Kardinalskollegium berief. Ferner ernannte er den ersten irischen Kardinal: Paul Cullen, früherer Rektor des Irischen Kollegs in Rom, wurde Erzbischof von Armagh und 1866 Kardinal. In den Niederlanden erhielten die Katholiken 1848 die Religionsfreiheit garantiert, und Pius ging sofort daran, die durch die Reformation zerstörte Hierarchie wiederherzustellen. Er errichte weltweit 29 Erzbistümer, 132 Bistümer und 51 vergleichbare kirchliche Verwaltungsbezirke.

Unter Pius IX. fand jede Form der Missionstätigkeit großzügige Förderung. So wurden in Deutschland Missionsvereine wie der Ludwig-Missionsverein in München und der Franziskus-Xaverius-Verein in Aachen gegründet. Die katholische Welt machte sich das missionarische Anliegen ihres Papstes zu eigen. Die Verbesserung der Lebensbedingungen der Katholiken auf der ganzen Welt war ein Leitthema dieses Pontifikats. Mit Rußland, Spanien, Österreich, Portugal, Haiti, Honduras, Venezuela, Nicaragua, San Salvador u.a. konnte Pius Konkordate abschließen. Die im Laufe der Jahre abnehmende politisch-territoriale Verpflichtung, die der Kirche durch den Kirchenstaat auferlegt gewesen war, förderte ihr internationales Engagement. Die Enge der vatikanischen Mauern waren keine Grenzen für den missionarischen und pastoralen Auftrag des Stellvertreters Christi auf Erden. In Deutschland regte sich eine bisher nie gekannte Sympathie für Pius IX. Aus den Pius-Vereinen zur Förderung der religiösen Freiheit ging 1848 die erste Generalversammlung der katholischen Vereine Deutschland hervor, aus der sich die späteren Katholikentage entwickelten, denen Pius regelmäßig seinen Segen erteilte.

Die katholische Weltöffentlichkeit erkannte in Pius den großen „Dulderpapst", dem großes Unrecht widerfahren ist. Durch sein persönliches Charisma und seine mit Humor gewürzte Liebenswürdigkeit, von der Aubert und Martina berichten, und die Vorstellung eines Papstes, der durch die Politik und die Zeitumstände vieles erdulden mußte, entwickelte sich seit der Mitte des 19. Jahrhunderts eine regelrechte „Papstdevotion". Rom wurde, je weniger politische Souveränität der Papst besaß, um so mehr die Stadt des Papstes. Man fuhr (und fährt) nicht zuletzt nach Rom, um den Papst zu sehen. Eine so ausgeprägte Rombindung ist sicherlich nicht nur nüchtern in der Erkenntnis eines Einheitsprinzips, das der Papst verkörpert, zu sehen, sondern auch in der emotionalen Hinwendung zu den Stätten, welche die Grundlagen unserer kirchlichen Heimat bilden. Zur gleichen Zeit spricht man auch in der Theologiegeschichte von *ultramontanen* Kräften (siehe S. 95f., 98f.), die eine zunehmende Fixierung aller Gläubigen auf die römische Kirche forcierten. Diese Entwicklung hängt mit der politischen Entmachtung der Bischöfe in ganz Europa zusammen. Revolutionen, antikirchliches Gedankengut der Aufklärung und die Säkularisation förderten eben jene ultramontanen Gedanken, die für viele Verantwortliche in Kirche und Theologie das einzige Mittel waren, ihre Unabhängigkeit von staatlicher Bevormundung durchzusetzen. Rom war der Mittelpunkt des Katholizismus geworden und der Papst der absolute Souverän aller Katholiken. Mit der Hervorhebung des Papsttums als oberstem Prinzip der Kirche umgingen Bischöfe wie engagierte Laien die Einschränkungen, die ihnen von den laizistisch geformten Nationalstaaten auferlegt wurden. Der Papst wurde neben seiner geistlichen Autorität zum unverrückbaren Symbol für die Freiheit und Unabhängigkeit der Kirche in den jeweiligen Ländern.

Pius und Nagasaki

Die katholische Kirche wurde zur Weltkirche. Der Papst sprengte selbstbewußt die Grenzen einer über Jahrhunderte dauernden Selbstbeschränkung auf den sogenannten abendländischen Kulturkreis, indem er am Pfingstfest 1862 den Blick jedes europäischen Katholiken bis an das andere Ende der Erde lenkte. 300 Bischöfe folgten der Einladung des Papstes nach Rom aus Anlaß der Heiligsprechung der 26 japanischen Märtyrer von Nagasaki, die im 16. Jahrhundert für den Glauben an Jesus Christus ihr Leben geopfert hatten. Pius präsentierte sich in diesen Jahren politischer Instabilität als weitsichtiger und im wahrsten Sinne katholischer Pontifex.
In den gleichen Jahren belebte er die in der Vergangenheit in Vergessenheit geratenen *Ad-Limina-Besuche* der Bischöfe. Er demonstrierte Internationalität und gelebte kirchliche Gemeinschaft, die eben keine nationale, ethnische oder rassische Begrenzung kennt. Eher unbewußt erschien Pius als Politiker und Vorreiter einer weltumspannenden Kirche, die im Papsttum ihr einendes Prinzip gefunden hat.

Ecclesia semper reformanda

Wie wichtig ihm das innere Erwachen des Glaubens in Zeiten äußerer Bedrohungen war, dokumentieren seine innerkirchlichen Reformbestrebungen. Charakteristisch für sein Pontifikat ist sein Bemühen um religiöse Vertiefung der Gläubigen und v. a. im Klerus. In Rom entstanden vier neue Seminare, über hundert neue religiöse Gemeinschaften wurden bestätigt, zahlreiche Heilig- und Seligsprechungsverfahren in Gang gesetzt und bearbeitet. Die Herz-Jesu-Verehrung und die Marienverehrung als Frömmigkeitsformen mit greifbaren und sichtbaren Elementen wurden gefördert. 1854 dogmatisierte der Papst mit der Autorität des höchsten Lehramtes der Kirche das Dogma, daß die Gottesmutter vom Beginn ihrer

Neue Orden, z. B. 1868 die *Weißen Väter,* 1875 die *Gesellschaft vom Göttlichen Wort,* 1884 die *Benediktinerkongregation St. Ottilien.*

Existenz an durch die Gnade Christi von der Erbsünde bewahrt ist (zur *Unbefleckten Empfängnis* siehe S. 72–79).
Auch innerhalb der Kurie machte er keinen Halt, Reformen durchzusetzen. In der päpstlichen Kurie kam es zu Ernennungen, die einige Jahre vorher undenkbar erschienen. Seelsorglich-pastorale Qualitäten wurden gefordert, um die Kardinalswürde zu erhalten, statt das Kriterium des Adels als Zugangsbestimmung vorauszusetzen.
Von großem Umfang zeigten sich die zahllosen Audienzen für einzelne Gruppen und Pilger, denen sich Pius fast den ganzen Tag widmete. Sie waren für ihn der direkte Draht zu den Gläubigen, denen erstmals ein unmittelbarer Kontakt mit dem Papst ermöglicht wurde. Seine Bereitschaft, sich mit den Menschen in ihren konkreten Situationen auseinanderzusetzen, sich nicht davor zu scheuen, mit den Menschen auf einer Ebene zu kommunizieren, trug zu einem neuartigen Bild des Papsttums bei. Es wurde theoretisch möglich, sich direkt an den Heiligen Vater zu wenden. Daß dies seine Popularität in der katholischen Welt ins Unermeßliche steigerte, liegt auf der Hand und trug darüber hinaus zur persönlichen Verehrung Pius' IX. bei.

Mortara: Pius IX. und die Juden

Zu einem der schwierigsten Kapitel der Vita des Seligen gehört der zur Affäre hochstilisierte sogenannte „Fall Mortara". Viele Kritiker des Kirchenstaates, die dessen Abschaffung letztlich immer nur als Vorwand benutzten, um die Kirche und den Glauben selbst zu treffen und zu diskreditieren, sahen sich in der Vorgehensweise des Papstes bestätigt. Es ging um den sechsjährigen Sohn eines jüdischen Ladenbesitzers in Bologna, der in der kritischen Phase einer lebensgefährlichen Krankheit die Nottaufe durch eine Dienstmagd gespendet erhielt. Durch die Taufe wurde er Christ. Und ein Christ durfte im Kirchenstaat nicht von jüdischen Eltern erzogen werden. Das Kind wurde also auf Anordnung der Inquisition in Bologna von den Eltern getrennt und in die Obhut einer katholischen Bildungsanstalt gegeben. Ein solches Vorgehen konnte nicht ohne zuerst nationales, später dann auch internationales Echo bleiben. Petitionen gingen an den Vatikan, bizarr ausgeschmückte Berichte über das angeblich grausame Vorgehen der vatikanischen Beamten erschienen in den Zeitungen; und irgendwelche unmenschlichen Verstecke wurden angeblich ausgemacht. Die sich breitmachende Polemik scheute auch vor Unwahrheiten und Verzerrungen nicht zurück. Pius IX. kümmerte sich in den folgenden Jahren selbst um das Kind, adoptierte sogar den jungen Mortara, der von da an Edgardo Pio Mortara heißen sollte.

Man hat dem Papst im Fall Mortara alles mögliche vorgeworfen: Antisemitismus, Freiheitsberaubung, politische Instrumentalisierung eines Kindes. Aber ist das gerecht? Wer Menschen vergangener Zeiten beurteilen will, der darf sie nicht einfach nach heutigen Maßstäben messen, selbst wenn diese Maßstäbe einen Fortschritt darstellen mögen. Für die Beurteilung historischer Ereignisse muß das Koordinatensystem des damaligen Handelns berücksichtigt werden.

Doch zuallererst sollte der Angeklagte selbst sprechen dürfen. Sein Vorgehen stimmte mit der Beharrlichkeit und Bestimmtheit überein, die er bei religiösen Fragen an den Tag legte. Als Papst, so erklärte Pius IX. dem ultramontanen französischen Journalisten Louis Veuillot, dürfe er keine Seele, die für Christus gewonnen wurde, im Stich lassen. Die Taufe ist ein Sakrament, das ein unverbrüchliches Siegel der Zugehörigkeit zu Christus einprägt. Sie kann nicht rückgängig gemacht werden. Wer getauft ist, kann nicht zugleich einer anderen Religion angehören als der Christi. Papst Pius IX. erfüllte also den Heilsauftrag der Kirche, die Botschaft Christi gemäß dessen Auftrag allen Menschen zu verkünden. Als oberster Hirte nahm er sich persönlich eines neuen, jungen Mitgliedes der ihm anvertrauten Herde an. Hätte er sich über geltendes Recht hinwegsetzen sollen, um seine tiefsten Überzeugungen und seinen ureigensten Auftrag zu verraten?

Aber gibt es nicht immer wieder Stimmen, die die Missionierung eines Juden mit dessen Vernichtung gleichsetzen? Denn Jude ist man per Geburt aus einer jüdischen Mutter, also greife die Existenz an, wer das Judesein ändern wolle. Eine solche Auffassung war und ist freilich keine christliche, sie ist auch heute nicht die allgemein verbindliche, fehlen ihr doch gerade jene Momente wie das des Gesprächs, das Überzeugungen zu ändern vermag, und das der freien Entscheidung, die Konsequenz daraus zu ziehen. Antisemit ist, wer Juden allgemein zu schädigen, ja letztlich zu vernichten trachtet, und das läßt sich an der christlichen Erziehung eines getauften Kindes jüdischer Herkunft wirklich nicht ablesen.

Daß wir heute ein ziemlich gewandeltes Bewußtsein haben, läßt sich schon an der Bedeutung der Taufe ablesen. Es dürfte selbst unter gläubigen Katholiken heute die Ausnahme sein, daß sich jemand Sorgen macht, wenn ein Kind ungetauft stirbt. Man kann es sich schlicht nicht vorstellen, „daß das für das Kind vor Gott ein Problem sein soll". Das Vertrauen in die Güte Gottes ist eine Seite des aktuellen religiösen Bewußtseins, das Vakuum hinsichtlich der Heilsrelevanz des Sakraments der Taufe die andere Seite. Welchen Glauben an die Kraft der Gnadenwirkung und welche mitfühlende Sorge um eine Seele mußten Generationen gehabt haben, die mit speziellen Gerätschaften selbst Kinder im Mutterleib verzweifelt zu taufen versuchten, wenn diese zu sterben drohten! Und nun war ein Kind getauft, knapp dem Tode entronnen. Aber es lebte in einer Umgebung, in der ein verantwortlicher Umgang mit dieser göttlichen Gabe, ein Heranwachsen im christlichen Glauben nicht denkbar erschien. Juden und Christen lebten in getrennten Welten, empfanden einander als Fremdkörper. Eine Maßnahme wie die der Inquisition erschien auch damals zumindest recht robust, und niemandem wird es jemals leichtfallen, wenn er ein Herz hat, ein Kind aus seiner Familie zu reißen. Doch den Eltern wurde der Kontakt nicht verboten, und anfänglich besuchten sie den Knaben auch. Gefragt werden Kinder bis heute nicht, ob sie so oder anders erzogen werden wollen, und das ist auch natürlich und vernünftig.

Kategorien des Pluralismus, der religiösen Toleranz und des interreligiösen Taktes aus dem sensibilisierten Bewußtsein einer mitteleuropäischen Intelligenzija von heute in das 19. Jahrhundert Italiens zurückzuprojizieren, verrät seinerseits wenig an historischem Bewußtsein und menschlichem Einfühlungsvermögen, von Milde und Barmherzigkeit des Blicks ganz zu schweigen. Die Frage nach einer subjektiven religiösen Freiheit, wie sie das 20. Jahrhundert erst nach einer langen Anlaufphase und unter den Eindrücken zweier Weltkriege gewonnen hat, existierte im 19. Jahrhundert noch nicht – weder bei den Christen noch bei anderen Religionsgemeinschaften! Und existiert bis heute allenfalls auf dem Papier von Marokko bis Tadschikistan.

Pius sah sich zu diesem Handeln verpflichtet: daß er nach seinem Gewissen entschied, ist ihm nicht anzulasten. Der junge Mortara hatte durch die Taufe das Recht erlangt, zum Christentum hingeführt zu werden. Der Papst selbst hätte den Verlust einer christlich gewordenen Seele in Kauf genommen, hätte er sich des Jungen nicht angenommen. Getragen vom Bewußtsein der Heilsuniversalität und Einzigkeit der Erlösung in Jesus Christus, wäre ein anderes Vorgehen Pius IX. als unverantwortlich erschienen. Vielleicht kann dieser theologischreligiöse Blickwinkel zu mehr Verständnis für die sicherlich unglücklichen Umstände, die zu einer Art Zwangstaufe oder sogar zu einer Entführung geführt haben, verhelfen. Deshalb den frommen und honorigen Pius zu einem kriminellen Kidnapper abzustempeln, wie dies unlängst geschehen ist, entspricht nicht den historischen Tatsachen und wird der Intention, von der Pius geleitet wurde, nicht im geringsten gerecht. Um ein umfassendes und abschließendes Bild des Ereignisses zu erhalten, ist es auch notwendig, darauf hinzuweisen, daß Edgardo Mortara zum katholischen Priester geweiht wurde und seinem Adoptivvater, Papst Pius IX., sein Leben lang dankbar gewesen ist. Als Regularkanoniker des Laterans in S. Pietro in Vinculi machte Mortara eine umfangreiche Aussage zu den Vorfällen seiner Jugend. Am Ende heißt es: Er habe nie das Bedürfnis gehabt, zu seiner Familie zurückzukehren, und er habe mit den ihm zur Verfügung stehenden Mitteln alles versucht, seiner *Causa,* in dankbarer Erinnerung an Pius IX., einen guten Ausgang zu bescheren. Als 1870 die italienischen Truppen in Rom einmarschierten und das Ende des Kirchenstaates besiegelten, versuchte sein Bruder ihn aus dem römischen Konvent zu „befreien", aber er lehnte dankend ab. Bis zu seinem Tod im Jahre 1940 gedachte Edgardo Mortara voller Dankbarkeit seines Ziehvaters Pius IX. Wollen wir uns mit unserem Urteil über ihn, den eigentlich Betroffenen stellen?

Positio super introductione Causae s. D. Pii IX Summi Pontificis, Bd. II, Rom 1964, S. 513 – 527.

Die Mauern des Ghettos

Immer wieder ist davon die Rede, Papst Pius IX. habe 1850 das jüdische Ghetto wiedererrichtet. In den drei Bänden von Giacomo Martina, der ausführlichsten und sicher nicht unkritischen Biographie, findet sich nichts darüber. Doch die Legende wird von Lexikonartikel zu Aufsatz und von Aufsatz zu Ansprache kolportiert ohne einen einzigen Beweis. Dabei ist das Gegenteil der Fall: In der Osternacht 1848 hatte Pius die beiden Schranken, die zum Ghetto führten, entfernen lassen, um ungehindertes Eintreten zu ermöglichen. Die Bürgerrechte der jüdischen Bevölkerungen wurden deutlich erweitert, er befreite sie vom alljährlichen Tribut, den sie an die Kirche zu entrichten hatten und erweiterte karitative Aktionen auch auf Hilfsbedürftige aus jüdischen Familien. Voll Dankbarkeit schenkte ihm ein aus Livorno stammender Jude eine größere Geldsumme, die Pius sofort den Armen im jüdischen Ghetto zur Verfügung stellte (Brandmüller, Kirche).

WALTER BRANDMÜLLER, *Er hinterließ eine innerlich gefestigte Kirche*, in: *Die Tagespost*, 2.9.2000 (Kurztitel = **Brandmüller, Kirche**).

Auch dieses Handeln des Papstes ist Ausdruck seiner persönlichen Frömmigkeit. Seine Religiosität und seine seelsorglichen Prinzipien ließen einen Antisemitismus nicht zu. Getragen von der Verpflichtung für die Kirche und das Seelenheil eines jeden Menschen wurden die Juden zu Brüdern, denen der Weg zum endgültigen Heil, das in Christus zu den Menschen gekommen ist, erschlossen werden mußte. Der missionarische Eifer, der sich darin ausdrückt, war auf alle Nichtkatholiken ausgerichtet. Wenn Heil und Erlösung nur durch Christus in seiner ganzen Fülle dem Menschen zugänglich ist, wäre es egoistischer Exklusivismus, andere davon auszuschließen, indem man ihnen die heilschaffende Botschaft Christi vorenthält. Die Mitte, aus der diese Gedanken leben, ist Christus selbst. Christologische Heilsuniversalität darf nicht vor einer anderen Religion, einer anderer Nation oder Rasse haltmachen, sondern muß eben solche rein menschlichen Barrieren durchdringen, damit eine Ausrichtung an der Botschaft dessen, der der Weg, die Wahrheit und das Leben ist, für alle Menschen möglich ist. Von einem Antisemitismus Pius' IX. kann also nur derjenige sprechen, dem der Gedanke der Heilsvermittlung in der Kirche und ihre Verpflichtung dazu fremd sind.

„Er ist unser Bruder, das genügt"

Ein Ereignis, das sich im Zusammenhang mit dem Verhältnis Pius' IX. zu den Juden in der Ewigen Stadt ereignet hat, verdeutlicht seine grundlegende christliche Motivation: Bei einer

Fahrt durch die Stadt erblickte Pius einen Juden ohnmächtig auf der Straße liegen. Sofort ließ er die Kutsche anhalten, nahm den Kranken auf, fuhr ihn ins nächste Krankenhaus und kümmerte sich auch in der Folgezeit um seine Genesung. Als die päpstliche Begleitung ihn darauf aufmerksam machte, daß es sich um einen Juden handelte, antwortete er: „Was sagt ihr? Er ist unser Bruder, und das genügt."

Positio super introductione Causae s. D. Pii IX Summi Pontificis, Bd. II, Rom 1964, S. 556.

Seine Großzügigkeit den Juden gegenüber war sogar in England bekannt. Der Rabbi von London schrieb ihm einen warmherzigen Dankesbrief, und nach dem Bankrott des Kirchenstaates erklärte sich das Haus Rothschild sofort bereit, dem Heiligen Stuhl einen Weg aus der Finanzmisere zu ebnen. Der Repräsentant der Bank, Samuel Alatri, wurde sogar zum leitenden Mitglied des Rates der päpstlichen Bank des Kirchenstaates ernannt. Die Zusammenarbeit im weltlichen Bereich und das persönliche Engagement Pius' IX. gegenüber den in Rom lebenden Juden sind alles andere als geeignet, eine antisemitische Haltung dieses Papstes zu konstruieren. Den Antisemitismus haben erst die aufkommenden Nationalstaaten entwickelt, denen Pius IX. von Anfang an skeptisch gegenüberstand.

Die Grablege - ein Programm

Pius IX. wurde auf persönlichen Wunsch nicht in der traditionellen Ruhestätte der Päpste St. Peter im Vatikan beigelegt. Es sollte auch verzichtet werden auf eine figürliche Darstellung seiner Person, etwa auf einem Thron sitzend in der Gestik des Herrschers. Ebensowenig werden sich allegorische Figuren finden, die sein Pontifikat auf spezifische Weise rühmen. Die hier ablesbare Bescheidenheit des Papstes drückt neben seinem persönlichen Wunsch nach einer unauffälligen Lösung für seine letzte Ruhestätte auch den stillen Vorwurf gegen die zeitbedingte Situation der zwangsläufig unpolitisch gewordenen Kirche aus. Statt Demonstration der Macht wurde sein Grab zum Ausdruck seiner Selbsteinschätzung als oberster Hirte der Kirche.
Sein Grab findet sich in der weit außerhalb des Zentrums von Rom liegenden Patriarchalbasilika San Lorenzo fuori le mura. Die Kirche gehörte zur umfangreichen Bau- und Sanierungspolitik Pius' IX. und stand in engem Zusammenhang mit der Neukonzeption des sich anschließenden Campo Verano, des städtischen Hauptfriedhofs. Die Ferne zum eigenen Zentrum der Macht, St. Peter, und die Nähe zum Volksfriedhof Roms sind sicherlich zwei Komponenten, die zur Begründung seiner eigenen Grablege geführt haben. Die Macht war definitiv verloren, seine Nähe zum Volk, dem er sich als Hirte stets verpflichtet wußte, gewinnt selbst im Tode noch den Charakter des Programmatischen.
Ein weiterer Grund für S. Lorenzo ist die Nähe zu den Katakomben der hl. Ciriaca, an deren Eingang die Basilika errichtet wurde. Nach alldem, was Pius in den Jahrzehnten seines Pontifikates erdulden mußte, erscheint die gesuchte Nähe zu den Märtyrern der frühen Kirche als Ausdruck seiner Gefühlslage am Ende seines Lebens. Resigniert blickt er zurück auf den Verlust des Kirchenstaats, seine Flucht, seine Gefangenschaft – und erkennt in den Gegebenheiten zunächst sein persönliches Versagen. Die Nähe zu den Märtyrern, die für

Christus und ihre Zeugenschaft sogar den Tod erlitten hatten, ist im Zusammenhang mit seiner Frömmigkeit zu sehen. Ganz der Sache Christi und der Kirche verschrieben, mußte er unbequeme Wege einschlagen, sich in den Dienst des Heilsauftrags zu stellen.

MICHAEL GROBLEWSKI, *San Lorenzo fuori le mura und Pius IX.*, in: *Pius IX. und der Kirchenstaat in den Jahren 1860–1870*, hrsg. v. Titus Heydenreich, 1995, S. 95–135.

Michael Groblewski erläutert kenntnisreich das Bildkonzept der Grablege. Der Sarkophag, der die sterblichen Überreste des Papstes aufbewahrt, zeigt neben Inschriften auch Palmen, die auf die Auferstehung verweisen. Umrahmt wird der Sarkophag von zahllosen Inschriften, die Taten und Leben des Papstes beschreiben. Um die kunsthistorischen Details nicht zu arg in den Vordergrund zu drängen, sei auf zwei zentrale Bilder des Mausoleums hingewiesen. Genau über dem Sarkophag findet sich die Darstellung des Guten Hirten, wie wir ihn aus den ersten Abbildungen aus den Katakomben kennen. Christus, dargestellt als junger Mann, trägt das kleine Lamm über die Schultern, im Gesicht der Ausdruck der Fürsorge für die ihm anvertraute Herde. Das Wappen Roms, das über Christus angebracht ist, demonstriert die innere Einheit, die zwischen Christus selbst und seinem Stellvertreter hier auf Erden besteht.

Und die an der Wand angebrachten über 600 Spenderwappen aus der ganzen Welt sind ein beredtes Zeugnis dafür, daß die Kirche unter Pius zu einer Weltkirche, zu einer *Catholica*, geworden ist.

Insofern ist das Mausoleum einer gewissen Spannung unterworfen. Persönliche Erfolge und politische Niederlagen finden sich in der im byzantinischen Stil ausgestalteten Grabnische. Obwohl der Verlust auf der Seite der Politik einen Einschnitt in das Selbstbewußtsein der Kirche bedeutete, konnte Pius seiner eigenen Berufung als Seelsorger und guter Hirte für die ganze Welt gerecht werden.

II. Der Hirte seiner Kirche

Pius IX. und die Theologie

Die politische Entwicklung, die sich seit der Mitte des 19. Jahrhunderts abzuzeichnen begann, verhinderte aber nicht die theologische Auseinandersetzung, die sich in jenen Jahren vollzog. Als herausragende Schulen sind die Tübinger Schule, die Neuscholastik und die Römische Schule zu erwähnen.

Geschichte und Spekulation: die Tübinger Schule

Die aus dem Geiste der Romantik agierende Tübinger Schule, die mit einem neuen geschichtlichen Bewußtsein das Ganze der Wirklichkeit und der Religion organisch zu erfassen suchte, indem sie die Synthese von Spekulation und Historie als ihre charakteristische Methode anstrebte, beschritt neue Wege in der Theologie. Sogar von einer „großen Zäsur", die „alle theologischen Epochen seit der Scholastik von dem im 19. Jahrhundert einsetzenden Umbruch abgrenzt", ist bei Leo Scheffczyk die Rede. Statt einer ausschließlich dem Rationalismus verpflichteten Theologie zu folgen, die als Ergebnis der Aufklärung die gesamte Geistesgeschichte beeinflußte, setzte die Tübinger Schule auf die Innerlichkeit und den übersinnlichen Charakter der Theologie, ohne sich von der Philosophie und Wissenschaft ihrer Zeit zu isolieren und den Dialog und die Auseinandersetzung mit der Gegenwart zu meiden. Einen besonderen Stellenwert nimmt die Beurteilung der Geschichte durch die Tübinger Schule ein. Auch hier wendet sie sich gegen die Konzentration und Begrenzung auf das historisch und positiv gegebene Einzelne des Aufklärungsrationalismus und hält eine neue Beurteilung der Geschichte in einem organisch-ganzheitlichen Verständnis dagegen. Jedes einzelne Faktum kann nicht losgelöst von der Vergangenheit betrachtet werden, ohne den Blick auf das Ganze der menschlichen und zeitlichen Abläufe gerichtet zu haben. Die Gegenwart erscheint vor diesem Hintergrund als eine Erscheinungsform der hinter der Geschichte stehenden, alles konstruierenden Wirklichkeit, die in den zeitlichen Rahmen der Geschichte eintritt und sich vorübergehend artikuliert. Der geistige Anreger zu diesem in der Theologiegeschichte einmaligen Denkansatz ist unzweifelhaft Friedrich W. J. Schelling, der 1803 die Geschichte als „das lautgewordene Mysterium des göttlichen Reiches" bezeichnete und den einzelnen historischen Moment als eine Offenbarung einer bestimmten Erscheinungsform Gottes in der Geschichte charakterisierte. Das positiv-historische Denken erfährt dadurch eine neue Qualität. Über dem Faktischen, das in der Geschichte erfahren wird, steht die Notwendigkeit einer ideellen Erfassung des Geschichtlichen. Von Schellings Transzendentalphilosophie angeregt, versucht nun Johann Sebastian von Drey (1777–1853), der Gründer der Tübinger Schule, die Menschheitsgeschichte aus der Idee des Reiches Gottes zu erfassen. Neben dem die Geschichte bestimmenden freiheitlich gesetzten Akt existiert eine alles zusammenhaltende Notwendigkeit, die es der Theologie wieder möglich macht, neben der reinen Faktizität das Mystische, das Übersinnliche und das Sakramentale erneut zur Geltung zu bringen.

F. W. J. SCHELLING, *Vorlesungen über die Methode des akademischen Studiums,* 1990, S. 83 (zugleich klassische Schelling-Einführung).

Man könnte meinen, daß die so erdachte Theologie der Grundüberzeugung Pius' IX., als Christ in einer Sphäre des Übernatürlichen zu leben, entgegengekommen wäre. Aber sein Wunsch nach Stabilität und lehramtlicher Sicherheit, nach den Kräften, die der Kirche und der Theologie eine einheitliche Linie zu geben vermögen, war größer. So förderte Pius mit allen Kräften die Theologie, die sich wieder auf die alten Fundamente der Kirchenväter und der mittelalterlichen Scholastik stützte.

Gemäß dem altehrwürdigen Grundsatz: „Sie waren Riesen, wir sind Zwerge, aber wenn wir auf ihre Schultern steigen, können wir besser sehen als sie" (wohl Bernhard von Chartres, 12. Jh.).

Semirationalismus und Generatianismus

Anton Günther (1783–1863), Georg Hermes (1775–1831) und Jakob Frohschammer (1821–1893) zählen zu den Hauptvertretern des *Semirationalismus* im 19. Jahrhundert. Sie bemühten sich um die Verständigung zwischen Christentum und moderner Wissenschaft, zwischen Offenbarung und Vernunft. Zu diesem Thema erarbeitete das Erste Vatikanum in seiner dogmatischen Konstitution *Dei Filius* die maßgebliche Weichenstellung. Wie sind Vernunft und Glaube in Einklang zu bringen, ohne einem der beiden etwas von seiner Notwendigkeit im Glaubens- und Erkenntnisprozeß abzusprechen (siehe S. 91 ff.)? Die Verurteilungen Frohschammers sind zusätzlich begründet in seinem *Generatianismus* und in seinen polemischen Angriffen auf die neuscholastische Theologie und die Indexkongregation in Rom.

Generatianismus? Darunter fallen alle Aspekte einer Lehre, die im Zeugungsakt der Eltern (lat. *generari* – zeugen) den eigentlichen Schöpfungsakt von Leib und Seele erkennen möchten. In der frühen Kirche ging es vor allem um die Frage um die Weitergabe der Erbsünde und um ein christlich verbindliches Seelenverständnis. Erst mit den Erkenntnissen der Naturwissenschaft der Neuzeit wurde die Frage erneut gestellt. Bei Frohschammer entwickelte sich der Generatianismus zu einer Überbetonung des elterlichen Zeugungsaktes. Für ihn sind die Eltern eine „sekundäre Schöpfermacht“, die – und das ist das Gravierende – *ex nihilo* (aus dem Nichts) – einen neuen Menschen schaffen. Natürlich haben die Eltern Anteil am Schöpfungshandeln Gottes in der Welt. Aber die menschliche Disposition liegt begründet in ihrer Geschöpflichkeit, die in einer Verbindung zu Gott steht. Nicht die Menschen sind Schöpfer des Lebens, sondern Gott allein hat die Befähigung, aus dem „Nichts“ Leben zu erschaffen. Nicht die Menschen erschaffen einen Menschen, sondern Gott ist der Spender allen Lebens. In Gott allein sehen wir den Maßstab unserer Individualität, unserer Konkretion als Mensch vor Gott.

Das Lehramt greift ein

Für Pius IX. stand ein anderes Thema des *Semirationalismus* mehr im Mittelpunkt. Günther, Hermes und Frohschammer sprechen im Gegensatz zum reinen *Rationalismus,* der Glaubenswahrheiten in Vernunftwahrheiten überführen und damit den bekennenden Glaubensakt gleichsam überflüssig machen möchte, der Vernunft die Fähigkeit zu, Offenbarungswahrheiten und das Ereignis der Offenbarung als vernünftig einzusehen und sie hinsichtlich ihrer Vernünftigkeit zu überprüfen. Hermes eröffnet sein theologisches Gebäude mit dem methodischen Zweifel, der zur Erkenntnis eines Glaubens führen soll, der vernünftig und plausibel erscheint. Auf dem Weg der Infragestellung aller Verbindlichkeiten soll also ein verbindlicher Glaube erkannt werden, der zugleich vor den Anforderungen neuzeitlicher Vernünftigkeit bestehen kann. Die Vernunft ist Maßstab des Glaubens. Pius IX. konnte eine derartige Reduzierung der Offenbarung und des Glaubens hinsichtlich ihrer Erkennbarkeit und ihres Zugangs auf die Vernunft nicht akzeptieren. Bereits 1862 schritt Pius IX. mit einem Schreiben an den Erzbischof von München ein. In seinem Brief *Gravissimas inter,* datiert auf den 11. Dezember, kritisiert der Papst die Überhöhung der menschlichen Vernunft, der es schließlich nicht möglich sein kann, „das übernatürliche Ziel des Menschen“ und ebenso wenig „das heiligste Geheimnis der Fleischwerdung des Herrn“ zu umfassen (DH 2850–2861).

Enchiridion symbolorum definitionum et declarationum de rebus fidei et morum. Kompendium der Glaubensbekenntnissse und kirchlichen Lehrentscheidungen, lat.-dt., hrsg. v. Heinrich Denzinger u. Peter Hünermann, 37. Aufl. 1991 (Kurztitel = **DH**).

Man kann an dieser Stelle nicht auf alle Einzelheiten eingehen, aber die Linie der Semirationalisten, daß sie als oberste Kategorie der Erkennbarkeit der Glaubens und der Offenbarungswahrheiten die menschliche Vernunft setzen, heißt: Philosophie wird zum Prüfstein der Glaubenslehre, Theologie hingegen zu einer der Philosophie untergeordneten „Glaubenslehre“.

Die Verurteilung Anton Günthers

Mit Beschluß der Indexkongregation vom 8. Januar 1857 wurde eine Verurteilung der Schriften des Wiener Privatgelehrten und Priesters Anton Günther in Aussicht gestellt. Pius IX. erläutert in seinem Schreiben *Eximiam tuam* (DH 2828–2831) an den Erzbischof von Köln, Johannes von Geissel, die Irrtümer. Günther, dem in Wien ein Lehrstuhl versagt blieb – er wollte auch nur in seiner Heimatstadt lehren – wirkte hauptsächlich im Freundeskreis und in seinem literarischen Werk. Sogar Johann Michael Sailer hatte ihn für einen Lehrstuhl in München empfohlen und eine Absage erhalten. Aus Günthers theologischem Ansatz entwickelte sich bald so etwas wie eine Schule. Der *Güntherianismus* trat oftmals die Stelle des nach Hermes benannten *Hermesianismus* an. Der einschneidende Grund für seine Verurteilung 1857 besteht darin, daß er die Vernunft nicht als der Theologie dienstbar zur Seite stellt, sondern sie gleichberechtigt und gleichwertig gegenüber dem Glauben ansieht. Damit sind Übernatürlichkeit und Ungeschuldetheit der übernatürlichen Offenbarung als theologisches Axiom ausgehöhlt: Der Mensch kann dann von sich aus, mit seiner Vernunft auf die Geheimnisse des Glaubens stoßen, sie gleichsam selbst erarbeiten, ohne auf eine zusätzliche übernatürliche Offenbarung Gottes warten zu müssen.

Allen neuen und als innovativ geltenden Ansätze der Theologie ist zu eigen, daß diese einen Teilaspekt, der bisher vernachlässigt wurde, verabsolutieren möchten. Die Gegenüberstellung von Glaube und Vernunft und die sinnvolle Symbiose beider ist ja kein Thema, das im 19. Jahrhundert „erfunden“ worden ist. Die Theologie eines Thomas von Aquin, die gerade in jenem Jahrhundert wiederentdeckt wurde, hat sich struktural und methodisch gerade der Axiomatik von Glaube und Vernunft verschrieben. Der Hervorhebung der Vernunft verbleibt nur dann die Aussicht auf ein tieferes Erfassen der Wirklichkeit – als von Gott gesetzte –, wenn sie sich in ihrer Abhängigkeit von der ungeschuldeten Offenbarung versteht.

Das letzte Geheimnis der Schöpfung und des Schöpfers, das Geheimnis der Vergebung, der Menschwerdung und der Auferstehung entzieht sich der menschlichen „Gehirnraffinesse". Oder kann Inkarnation allein dadurch schon existieren, weil sie gedacht wird? Bedarf es dazu nicht der übernatürlichen Offenbarung eines ins Fleisch gekommenen Sohnes Gottes, der uns verkündet, der uns mitteilt, wer er ist?
Auf der anderen Seite darf einem positivistischen *Fideismus* nicht das Wort geredet werden. Glaube als naive, unkritische und nicht reflektierte Übernahme all dessen, was uns aufgetischt wird, zu deuten, widerspricht wiederum der geistigen Konzeption des Geschöpfes „Mensch", ähnlich wie ein *Biblizismus,* der Wort für Wort der Schrift als verbindliche, unhintergehbare Glaubenslehre lesen möchte (das ist übrigens die Bedeutung des Wortes *Fundamentalismus*). Als geistig konzipierte Wesen, ausgestattet mit einem freien Willen, mit Rationalität und Vernunft, sind wir verpflichtet zu einer geistig-reflektierten Schau unseres Glaubens. Die Kombination aus beidem ist der Weg der katholischen Theologie. Und so wurde er auch stets begangen.
Doch in den Schriften Günthers, so das Lehramt, herrsche das „System des Rationalismus": die Gesetze „der menschlichen Vernunft und der Philosophie, die in Dingen der Religion nicht herrschen dürfen, sondern völlig dienstbar sein müssen". Die Gefahr stecke darin, daß der Rationalität „das Recht des Lehramtes zuerkannt" werde, so daß statt hilfreich das Geheimnis zu ergründen, die „Unterscheidung zwischen Wissen und Glauben" in Unordnung gebracht werde.
Mit dieser Absage betrat Pius kein Neuland. Bereits 1856 hatte er die Bischöfe Österreichs aufgefordert, gegen den Rationalismus vorzugehen *(Singulari quidam).* Pius suchte den Mittelweg. Weder Fideismus noch Rationalismus können die verbindlichen Horizonte der Theologie und des Glaubens sein. Hinter seiner Hochschätzung der scholastischen Theologie, nicht zuletzt der des Aquinaten, verbirgt sich keine romantische Verklärung des Mittelalters und ihrer theologischen Größe, sondern die konkrete Suche nach geeigneten Mitteln, einer von

allen Seiten an die Kirche herangetragenen Kritik zu begegnen. Bei manchen Vertretern der neuscholastischen Theologie wurde das allerdings derart zum Programm erhoben, daß keinerlei Spielraum für die wissenschaftliche Entfaltung blieb. Eine derartige Buchstabenhörigkeit und Systemgebundenheit konnte auch den Effekt erzielen, vor dem die Kritiker der Neuscholastik stets warnten: Engstirnigkeit und Isolierung.

Die Neuscholastik: Back to the Roots!

Nach der Abkehr vom Idealismus und der aufklärerischen Philosophie Mitte des 19. Jahrhunderts setzte mit der Neuscholastik eine Erneuerung der scholastischen Theologie und Philosophie ein. Das programmatische „Zurück zur Theologie und Philosophie der Vorzeit" eines Joseph Kleutgen wurde zugleich zum Ansatzpunkt einer an der Vergangenheit orientierten Methode theologischen Denkens und Arbeitens. Die Neuscholastik wandte sich zunächst polemisch gegen die geschichtstheologischen Ansätze der Tübinger Schule und gegen die Programme einer am Positivismus und Empirismus orientierten Theologie etwa eines Georg Hermes und Anton Günther. Deren Versuch, das katholische Denken mit Kant und Hegel zu einer fruchtbaren Symbiose zu vereinen, erachteten die Neuscholastiker als so zerstörerisch, daß ihnen eine effektive Abwehr der subjektiven und rationalistischen Strömungen nur durch den Rückgriff auf die Tradition der Scholastik zu leisten erschien. Aus Verantwortungsbewußtsein nahmen die Neuscholastiker eine Haltung des Sicherns und Bewahrens ein, weshalb gegenüber dem als neu und dynamisch anmutenden Aufschwung der Tübinger und der genannten Semirationalisten ihre Arbeit behutsam, uniform und nüchtern erschien. Die Theologie des Mittelalters, insbesondere die des hl. Thomas von Aquin, wurde zum Inbegriff einer wahrheitsgemäßen Theologie, die als spezifisch katholische Form von Philosophie und Theologie gewertet wur-

Der Blick auf die Vergangenheit drückt sich bei **Joseph Kleutgen** v. a. in seinen beiden Werken *Die Theologie der Vorzeit*, 4 Bde., 1853–1870, und *Die Philosophie der Vorzeit*, 2 Bde., 1860–1863, aus.

de. Dieser Rückgriff auf Elemente der scholastischen Tradition ist kein unhistorischer Wiederbelebungsversuch, sondern ein Griff in die ungeheuren Schatzkammern der philosophisch-theologischen Tradition, um diese für die Auseinandersetzungen der Gegenwart fruchtbar zu machen. Einzuräumen bleibt freilich eine latente Tendenz, die Geschichte als Sicherung gegenwärtiger theologischer Aussagen und zur Bestätigung eines bestimmten, zeitlos gültigen und zur Norm erhobenen theologischen Systems heranzuziehen. Die Neuscholastik wurde ab der Mitte des 19. Jahrhunderts zur „Normaltheologie", deren lehramtliche Bestätigung 1879 in der Enzyklika *Aeterni Patris* von Leo XIII. gipfelt (DH 3135–3140).

Was auf den ersten Blick regressiv erscheint, erweist sich jedoch auf den zweiten Blick fruchtbarer und interessanter, als es die gängige Interpretation aufzuweisen versucht. Ohne Zweifel galt das Hauptanliegen der Neuscholastik der Bewahrung und Stabilisierung einer kirchlichen Theologie, die sich der kantisch-rationalen Philosophie ausgesetzt sah und diese mit den Mitteln der verbindlich eingeforderten scholastischen Methode zu überwinden suchte. Nicht immer erweist sich der Rückzug in ein zeitlos gültiges System als adäquate Lösung für die anstehenden Fragen in Kirche und Gesellschaft. Der Ertrag der Neuscholastik liegt aber zweifellos in der systematischen Relecture der scholastischen Theologie. Durch ihr programmatisches „Zurück" wurde eine auf lange Sicht angelegte Rückbesinnung auf die eigene theologische und philosophische Tradition eingeleitet und eine intensive inhaltliche Auseinandersetzung mit der Theologie der Vergangenheit angeregt, die manchen Autor vor dem Vergessen bewahrt hat. Die angestrebte Vereinheitlichung in der Methode – was keinesfalls mit Gleichschaltung oder Geistesarmut zu verwechseln ist, wie ein Blick auf die unterschiedlichen Arbeiten der Neuscholastiker belegt – und die Treue zur Überlieferung führten zu einer relativen weltanschaulichen Geschlossenheit gegenüber anderen geistigen Strömungen. Von daher erklärt sich auch das apologetische Interesse der Neuscholastik. Apologie und Apologetik sind weit davon entfernt, die sterile Fortführung der Tradition zur Konservierung einer theologischen Denkform zu sein. Ihr Schwerpunkt liegt in der wissenschaftlichen Auseinandersetzung mit den das Christentum in Frage stellenden neuzeitlichen Denkansätzen, die zunächst kritisch erschlossen werden mußten, um ihnen mit der nötigen Kompetenz gegenübertreten zu können.

In Deutschland sind v. a. Mainz (Bruno Franz Leopold Liebermann; Johann Baptist Heinrich, Mitbegründer und Förderer der Görresgesellschaft; Franz Jakob Clemens; Franz Christoph Ignaz Moufang), Eichstätt (Michael Gloßner; Franz von Paula Morgott, der Lehrer Martin Grabmanns) und Würzburg (Heinrich Denzinger, dessen Quellensammlung dogmatischer Entscheidungen bis heute zum unverzichtbaren Handwerkzeug der Theologie und auch dieses Buches, vgl. Kurztitel DH, gehört; Franz Seraph Hettinger) als Hauptzentren der Neuscholastik zu nennen (vgl. auch *Ultramontanismus* S. 95–97).

CHRISTIAN SCHALLER, *Organum salutis. Die Sakramentalität der Kirche im ekklesiologischen Entwurf des Würzburger Apologen Franz Seraph Hettinger. Ein Beitrag zur Ekklesiologie des 19. Jahrhunderts*, 2003.

Für Pius war gerade die Tradition das sichere Bollwerk gegen den modernen Liberalismus, den er als den größten Feind der Kirche betrachtete. Um so vorsichtiger wurde er Theologien gegenüber, die neues Terrain betreten wollten. Er sah in ihnen Faktoren am Werk, die zur Destabilisierung der Kirche beitragen konnten, was sich im Fall des Münchener Kirchenhistorikers Ignaz Döllinger noch bewahrheiten sollte.

Was Pius entgegenkam im Ansatz der Neuscholastik, war das über der Geschichte stehende System, das zeitlose Gültigkeit besitzen sollte. Theologie sollte ein unhinterfragbares Koordinatensystem liefern, das ohne konkretes Eingehen auf zeitbedingte Situationen ein ewig gültiges Raster anbietet. Durch die einseitige Förderung der Neuscholastik von etwa 1850 an wurden sicherlich andere zeitgenössische Aufbrüche in der Theologie vernachlässigt. Für Pius selbst hatte jedoch nur die Wahrung der Bestände Priorität, was vor dem Hintergrund der sich abzeichnenden politischen Zuspitzungen und theologischen Verwerfungen verständlich ist.

Qui pluribus: die Antrittsenzyklika

Eine Antrittsenzyklika ist immer Programm. Gerade bei Pius IX. werden bereits all die Themen angesprochen, die über die Jahre sein Pontifikat prägten. Knapp ein halbes Jahr nach seiner Wahl zum Pontifex veröffentlichte er die Enzyklika *Qui pluribus* (DH 2775–2786). In ihr greift Pius bereits 1846 wesentliche Teile des *Syllabus errorum* auf und stellt eine deutliche Unvereinbarkeit des Glaubens mit dem *Rationalismus,* der dem Glauben und jeder Form von Transzendenz eine Absage erteilt, und dem *Indifferentismus,* der die Gleichgültigkeit aller Religionen, Weltanschauungen und Moralsysteme behauptet, fest. Glaube und Vernunft stehen nicht in einem Gegensatz, sondern ergänzen sich gegenseitig. Da der Mensch sich selbst als Wesen erfährt, das nach den eigenen Gesetzmäßigkeiten und Bedingungen hineingestellt ist in die natürlichen Abhängigkeiten des Werdens und Vergehens, muß über seiner sichtbaren Wirklichkeit eine unsichtbare Realität seine Geschicke lenken und begleiten. Der Rationalismus, den Pius angreift, ist jener, der sich gegen den Glauben an Jesus Christus stellt und behauptet, daß allein der menschliche Verstand die Wahrheit der Natur und des Menschen erklären kann. Hier befinden sich die Anhänger einer derartig verabsolutierten Philosophie jedoch im Gegensatz zur Vorstellung einer gegenseitigen Zuordnung von Vernunft und Glaube. Beide Elemente sind für die Existenz des Menschen konstitutiv. Zwar steht der Glaube über der Vernunft, da sie trotz aller Anstrengungen das Geheimnis Gottes nicht in letzter Gültigkeit erschließen kann, so dient sie dennoch dem Glauben dadurch, daß sie seine Wahrheit mit den Mitteln der Vernunft schützt und verteidigt: „Denn beide stammen von ein und derselben Quelle der unveränderlichen und ewigen Wahrheit, dem unendlich guten und großen Gott, und leisten sich gegenseitig Hilfe, daß die rechte Vernunft die Wahrheit beweist, schützt und verteidigt."

„Fortschritt“ contra Offenbarung

Ebenso bedeutsam ist seine in der Enzyklika eingenommene Haltung gegenüber „dem Fortschritt“. Er wird von den „Feinden der Offenbarung“ als absolutes Kriterium in die katholische Religion eingeführt. Für Pius ist „der Fortschritt“ (der Begriff wird auch in den Dokumenten des Papstes ungenau und allgemein verwendet) Indiz dafür, daß sich der Mensch seine Religion auf der Basis philosophischer Argumente selber gestalten möchte, anstelle sich auf die ihm in der Offenbarung mitgeteilten Wahrheiten einzulassen. Pius orientiert sich hier an einem statischen und invarianten Begriff von Offenbarung, der keine Geschichtlichkeit kennt. Offenbarung ist Mitteilung ewiger Wahrheiten, die in der Vergangenheit von Gott an den Menschen ergangen sind. Scheinbar schließt ein solches Offenbarungsverständnis ein Voranschreiten der Offenbarungsgeschichte Gottes mit den Menschen aus. Pius spricht hier im Rahmen der zeitgenössischen Schultheologie. Parallel sich entwickelnde geschichtstheologische Ansätze werden erst sehr viel später lehramtlich rezipiert und fanden erst in den 60er Jahren des nächsten Jahrhunderts Eingang in das *Zweite Vatikanische Konzil.*

Auf dem Weg zur Unfehlbarkeit

Qui pluribus ist aber auch das erste Dokument, das die päpstliche Unfehlbarkeit in einem Lehrschreiben enthält. Der Gedankengang ist folgender: Allen genannten Irrtümern und Anfeindungen, die von außen an die Kirche und den Glauben herangetragen werden, ist eine Autorität entgegengestellt, die von Gott eingesetzt wurde und „den wahren und rechtmäßigen Sinn seiner himmlischen Offenbarung lehren, festlegen und alle Streitfragen im Bereich des Glaubens und der Sitten mit unfehlbarem Urteil entscheiden sollte.“ Damit ist bereits vorab eindeutig der Anspruch auf Unfehlbarkeit ausgesprochen, wie er 1871 auf dem *Ersten Vatikanischen Konzil* dogmatisiert werden sollte.

Nimmt man die genannten Verurteilungen und die positiven Aussagen zur Verhältnisbestimmung von Vernunft und Glaube sowie die Formulierungen zur päpstlichen Unfehlbarkeit, wie sie in der Enzyklika vorgenommen wurden, so erstellt diese jenes Koordinatensystem, in dem Pius sein Pontifikat auszufüllen versuchte: Ausgestattet mit unfehlbarer Autorität in Glaubens- und Sittenfragen verstand er sich als Beschützer und Verteidiger des Glaubens der Kirche.

Zur Theologie des Primats

Die herausgehobene Stellung des Bischofs von Rom, der *päpstliche Primat* ist biblischen Ursprungs. Bereits unter den Jüngern hatte Petrus den Vorrang, ebenso in der frühen Kirche. „Sein Glaube an die Messianität und Gottessohnschaft Jesu ist der Fels, auf dem die Kirche als Glaubensgemeinschaft aufgebaut ist." Er ist der Sprecher der Kirche, er hat die „Schlüsselgewalt": die Binde- und Lösegewalt (Mt 18,18; 16,19). Er soll die Christen im Glauben stärken (Lk 22,32), ist ihr universaler Hirte (Joh 21,15–19). Petrus verkörpert „als der Erstapostel und Erstzeuge der Auferstehung in seiner Person die Einheit des Apostelkollegiums". Als Nachfolger Petri ist der Bischof von Rom „das personale Prinzip der Einheit im Ursprung wie im gegenwärtigen Vollzug". „Entscheidend für eine Theologie des Primates ist die Charakterisierung des Petrusdienstes als bischöfliche Sendung wie auch die Erkenntnis, daß dieses Amt nicht menschlichen Rechtes ist, sondern göttlichen Rechtes, insofern es nur in der Vollmacht Christi kraft eines dem Träger persönlich gegebenen Charismas ausgeübt werden kann." Dies zur Vorbereitung der Frage: Warum ist *der Papst* in Ex-cathedra-Entscheidungen unfehlbar? Warum der Papst in Ex-cathedra-Entscheidungen *unfehlbar* ist, wird auf S. 134 erklärt.

Petrus: „Du bist der Messias, der Sohn des lebendigen Gottes!" (Mt 16,16). Jesus: „Du bist Petrus, auf diesen Felsen werde ich meine Kirche bauen" (Mt 16,18; vgl. Randnote S. 44).

Zitate und Inhalt aus GERHARD LUDWIG MÜLLER, *Katholische Dogmatik*, 4. Aufl. 2001 S. 621 f.

Anfang in Gnade: unbefleckte Empfängnis

Der Dogmatisierung der sogenannten *Unbefleckten Empfängnis – Immaculata conceptio* gingen im Jahre 1848 Konsultationen von Theologen und im Jahr darauf eine weltweite Befragung der Bischöfe voraus: 1849 sandte Pius die Enzyklika *Ubi primum* an den katholischen Episkopat, um dessen Meinung hinsichtlich der vorgesehenen Definition zu erfragen. Von den 603 angefragten Bischöfen sprachen sich 546 für die Definition aus. In den folgenden Jahren wurden konkrete Textentwürfe erstellt, an denen der Papst selbst mitarbeitete.

Am 8. Dezember 1854 verkündete schließlich Papst Pius IX. in feierlicher Weise: „Die Lehre, daß die allerseligste Jungfrau Maria im ersten Augenblick ihrer Empfängnis aufgrund einer besonderen Gnade und Auszeichnung von seiten des allmächtigen Gottes im Hinblick auf die Verdienste Jesu Christi, des Erlösers des menschlichen Geschlechtes, von jedem Makel der Erbsünde bewahrt geblieben ist, ist von Gott geoffenbart und muß deshalb von allen Gläubigen fest und unabänderlich geglaubt werden" (Bulle *Ineffabilis Deus,* vgl. DH 2803). Es geht also, um die üblichen Mißverständnisse schon im Vorfeld auszuräumen, um das Ereignis der Empfängnis Marias durch ihre Mutter Anna, das heißt, daß der Gegenstand des Dogmas der Lebensbeginn Marias ist und nicht die Empfängnis Jesu, was immer wieder verwechselt wird.

Mariologie! Mariologie?

Zur Mariologie vgl. die S. 157 genannten Titel.

Mit den Themen der Mariologie ist der aufgeklärte Mensch nur ungern konfrontiert. Scheint es sich doch auf den ersten Blick um eine mythische Verklärung eines Menschen zu handeln oder um religionsgeschichtliche

Überlegungen, die in eine Legendenbildung mündeten. Selbst die universitäre Theologie drängt die Mariologie in ein bedauernswertes Schattendasein, gilt sie doch einer emanzipierten Gesellschaftsordnung als Heiligung eines antiquierten Frauenbildes. Allerdings hat eine solche Vorverurteilung mit der von Pius dogmatisierten Glaubensehre überhaupt nichts zu tun. In Maria und an den ihr widerfahrenen Gnadenwirkungen kommt nichts Geringeres zutage als unser eigenes Menschsein, das sich für Gott entscheiden muß, sowie eine neue Perspektive des Christusgeheimnisses. Wird die Mariologie aus der alleinigen Betrachtung der Person Marias und der damit einhergehenden, mitunter überfrachteten Marienfrömmigkeit in diesen größeren, anthropologischen und christologischen Zusammenhang gestellt, wird sie auch in einer skeptischen Umwelt leichter verständlich. Es geht um den Menschen in seinem Verhältnis zu Gott. Nicht nur um ein „Frauenbild", sondern um die Erfahrung wahren Menschseins vor Gott. Da ist nicht nur in Kategorien zu denken wie Demut und Gehorsam, sondern v. a. an die existentielle Hinordnung und Überantwortung des Menschen an den Willen Gottes: das anzunehmen, was Gott von uns Menschen will; die eigene Existenz in der Relation zum Schöpfer und Erlöser erstmals in ihrem unbedingten Charakter zur Kenntnis zu nehmen und sein Leben in dieser freimachenden Abhängigkeit von Gott zu gestalten. Das geht Mann und Frau in gleicher Weise an. Mariologie lehrt uns wahres Menschsein. Sie wird damit zum Idealfall christlicher Lebensgestaltung und Lebensinterpretation. Auf Gott vertrauen und sein Leben als Beziehung zu Gott erfahren – das sind die Eckdaten der Mariologie, die jedem Menschen als Vorbild dienen.

Das Zentrum ist Christus

Marias radikale Sündenfreiheit ist begründet in der Menschwerdung ihres Sohnes, des Sohnes Gottes. Im Ereignis der Inkarnation wird ein neues Kapitel der Geschichte Gottes mit den Menschen aufgeschlagen. Die Fülle der Gnade und Wahrheit (vgl. Joh 1, 17) ist die Charakterisierung für die neue Schöpfung, die durch seine Menschwerdung angebrochen ist. Und Maria als seine Mutter ist die, die als erste in die von Christus gesetzte neue Ordnung der Erlösung einbezogen wird. Christologisch gewendet bedeutet das Dogma von der Unbefleckten Empfängnis in einem ersten Schritt die Bestätigung Christi als schlechthinnigen Spender aller Gnaden, der als einziger in der Lage ist, die Menschheit zu ihrer eigentlichen Bestimmung zu führen. Die Sündelosigkeit Marias ist nicht Voraussetzung für das Sein des Gottmenschen, sondern genau umgekehrt: dessen Wirkung auf die Person seiner Mutter.

„Zu unserem Heil"

Die Kirchenväter, allen voran der hl. Augustinus, gaben als den entscheidenden Grund für das Privileg Marias, von ihrer Empfängnis an von der Erbsünde bewahrt worden zu sein, an, dies sei geschehen, damit der Ehre Gottes genüge getan werde – *propter honorem domini.* Ihre Unbefleckte Natur mag als die beste Disposition und adäquate Entsprechung für die Sündelosigkeit des Gottessohnes gesehen werden, sie ist jedoch keinesfalls ihre notwendige Bestimmung. In der Gestalt der Gottesmutter entbirgt sich v. a. das erlösende und heilschaffende Handeln Christi selbst, dessen Erlösungsgnade sich nicht an zeitliche oder räumliche Vorgaben und Begrenzungen halten muß. Die Vorerlösung, die sich an seiner Mutter ablesen läßt, bekräftigt noch einmal die Außergewöhnlichkeit und Einzigkeit des Geschehens in der Inkarnation. Maria empfing ihre Sündelosigkeit durch das Erlösungshandeln ihres Sohnes sozusagen im voraus, Jesus hingegen wurde in der Verbindung von göttlicher und menschlicher Natur der (der *hypostatischen Union)* aus eigenem göttlichen Willen ein sündeloser Mensch. Das Dogma hebt also nicht die Einzigkeit Christi auf, sondern versucht diese durch die bestehende Differenz zwischen ihm und seiner Mutter zu betonen. Erlösung durch

Christus erhält von hier aus eine neue Komponente. Sie findet im Horizont der menschlichen Geschichte und der menschlichen Bedingungen von Leiblichkeit, freier Entscheidung und willentlicher Zustimmung zum Heilsangebot Gottes statt. Nur Gott konnte den Menschen erlösen. Aber die als Neuer Bund angebotene Gnade des Heils bedurfte der aktiven Stellungnahme durch den Menschen. Der Bund mußte Aufnahme finden bei den Menschen, damit Erlösung in die Welt eintreten konnte. Weil es sich hier um das universale Erlösungsgeschehen, das allen Menschen gilt, handelt, steht Maria auch in einer besonderen Beziehung zu ihrem Sohn, die über das privat-häusliche und biologisch-natürliche hinausgeht. Sie hat als von Gott privilegierter Mensch nicht nur einen berühmten Menschen geboren, sondern den zu unserer Erlösung menschgewordenen Gott. Damit sie die leibliche Mutter des Erlösers werden konnte, mußte sie sich und ihr Leben zur vollkommenen Verfügung Gott überantworten. Ihr unbedingtes „Ja", das sie bei der Verkündigung gesprochen hat, war keine bloße Einverständniserklärung, die leibliche Mutter Jesu zu werden, sondern Ausdruck ihrer Lebensentscheidung, sich ganz und uneingeschränkt der Gnade Gottes zu überantworten. Wäre sie im Stand der Sünde gewesen, hätte sie die Kraft der Gnade nur eingeschränkt empfangen können, weil jede Sünde den Menschen von Gott entfernt. Als Unbefleckt Empfangene konnte sie ihre unverbrüchliche und uneingeschränkte Überantwortung zulassen. Zugleich erhellt das Dogma, daß die Gnade Gottes für den Menschen Eröffnung, Ermöglichung und Steigerung seiner durch die Sünde beeinträchtigten Freiheit ist. Was kann wahres Menschsein besser beschreiben als das uneingeschränkte Sich-Einlassen auf seine eigentliche Disposition als Geschöpf Gottes?

Natur und Gnade

Maria wurde nicht irgendwann einmal von bestehender Sündhaftigkeit befreit, sondern ihre irdische Existenz ist von Anfang an an eine Verbindung von Natur und Gnade. Die Gnade wirkte auf die Natur und beeinflußte sie dahingehend, daß Maria ohne Schuld empfangen werden konnte. Die durch die Gnade gestaltete Natur wird von der Definitionsbulle als eine „Fülle an Unschuld und Heiligkeit" beschrieben, „wie man sie sich unter Gott in keiner Weise größer vorstellen kann und wie sie außer Gott niemand in Gedanken erfassen kann". Die „Höchsterlösung", die Gott durch die Gnade an Maria vollzogen hat, spiegelt die uneingeschränkte, sich in Liebe dem Menschen (der Natur) zuwendende Erlösungskraft Christi und läßt erahnen, welche Dynamik und Vielschichtigkeit das in Christus begonnene Heilswerk besitzt, das sich nicht einfach in den Kategorien von Tilgung und Begleichung erschöpft.

Naturalismus: Es gibt nur die sichtbare Natur; der Mensch ist reines Naturwesen.
Immanentismus: Es gibt nur die sichtbare Welt in ihrer raum-zeitlichen Begrenzung, keinerlei Transzendenz.

Das Ineinanderfallen von Natur und Gnade in der Unbefleckten Empfängnis bereitet freilich einer *immanentistisch* geformten und dem *Naturalismus* verschriebenen Geistigkeit des 19. Jahrhunderts wie der von heute große Probleme.

Maria - Urbild der Kirche

Man verbliebe im berühmten Elfenbeinturm der Theologie, wenn nicht eine Konsequenz für die persönliche Lebensgestaltung des Christen aus den hier nur kurz angerissenen Themen, die mit dem Dogma der Unbefleckten Empfängnis verbunden sind, gezogen werden könnte. Sinnenfälliger Ausdruck unseres Christseins ist das Eingebundensein in die Kirche. In der Kirche verwirklicht sich auf sakramentale Weise die Erfüllung der Botschaft vom Reiche Gottes. Gleichzeitig ist die Kirche dazu berufen, das Reich Gottes zu verkündigen und gegenwärtig zu setzen. Einem solch hoch angesetzten Auftrag, der von Christus selbst kommt, scheint die Kirche nicht gerecht zu werden. Heiligkeit und Makellosigkeit lassen sich nur sehr schwer als Aushängeschild für die aus Menschen bestehende Kirche postulieren. Aber was hat unser Dogma damit zu tun? – Maria als Urbild der Kirche und des gläubigen Menschen gibt uns eine Anleitung zum wahren Christsein in der Kirche. Oftmals wird das Objekt der Verkündigung, Christus, seine Botschaft und seine Person als ein Produkt gehandelt, das von den Anbietern mit höchster Effizienz verkauft werden soll. Somit wird die Verantwortung für die Umsetzung des Reiches Gottes auf die Institution Kirche delegiert und stillschweigend vorausgesetzt, daß man selber bereits als echter Christ zu gelten habe. Maria hingegen hat durch ihr durch die Gnade gewirktes uneingeschränktes Ja zum Heilshandeln Gottes uns einen anderen Weg gewiesen. Ihre Haltung des demütigen Glaubens, des Gehorsams gegenüber dem Willen Gottes und ihre Bereitschaft, sich in den selbstlosen Dienst für das Erlösungshandeln ihres Sohnes zu stellen, ist die konkrete und personale Umsetzung des Reiches Gottes auf Erden. In ihrer Schuldlosigkeit zeigt sie dem Menschen, was es heißt, sich von der Gnade Gottes ansprechen zu lassen und darauf mit der vollkommenen Zustimmung und Bereitschaft zur Annahme zu reagieren. Daraus resultiert Heil, das ist der Grund unserer Erlösung und stellt den Menschen in eine neue und einzigartige Relation zu Gott.

Das Dogma der *Maria Immaculata,* das Pius IX. vor rund 150 Jahren definierte, ist also keine naive und kindliche Marienfrömmigkeit. Seine christologische und soteriologische Dichte betrifft den Menschen und eröffnet ihm Einblicke in das Erlösungsgeschehen, das in Jesus Christus in die Geschichte eingetreten ist. Auch der Mensch in seiner Disponiertheit vor Gott wird zum Thema. Er ist nicht nur biologische Summe, sondern durch seinen Geist ausgerichtet auf die Gnade, die Gott ihm schenken möchte und die er, um zu seiner eigentlichen Bestimmung zu kommen, annehmen muß. Dann ist er erlöst wie Maria, die Vorerlöste, die der Idealtyp des Menschen ist.

Pius bekräftigte durch die Dogmatisierung, besonders hinsichtlich der Relation von Gnade und Natur und der positiven Hervorhebung der Gnade auch seine Einstellung gegenüber dem blanken *Naturalismus,* der für ihn die Quelle aller modernen Irrtümer war.
Das Jahr 1854 bildet aber auch einen Meilenstein auf dem Weg zur Definition der päpstlichen Unfehlbarkeit, die seit der Mitte des Jahrhunderts von mehreren Seiten massiv eingefordert wurde. Erstmals in der Geschichte der Kirche wurde, auf dem Hintergrund einer Lehre von der päpstlichen Unfehlbarkeit, vom Lehramt der Kirche eine unfehlbare Entscheidung getroffen und diese in der entsprechenden Form der *Ex-cathedra-Entscheidungen* verkündet (vgl. S. 129).

Frömmigkeit und Brauchtum

Für Pius war die Verkündigung des Dogmas in der Peterskirche sicherlich einer der Höhepunkte seines Pontifikats und entsprach seiner persönlichen Marienverehrung. Zum Gedenken an dieses Ereignis ließ er neben der Piazza di Spagna (Spanische Treppe) eine antike Säule mit einer Marienstatue errichten, die noch heute an jedem 8. Dezember vom amtierenden Papst zum Gebet aufgesucht wird. Die Figur zeigt Maria, auf der Erdkugel stehend, unter ihren Füßen die Schlange. Sie wurde nach der Beschreibung von Catherine Labouré angefertigt, einer 24jährigen Novizin, die 1830 im Pariser Mutterhaus der Vinzentinerinnen eine Marienerscheinung hatte, bei der ihr Maria den Auftrag erteilte, eine Medaille zu prägen, die das Bild der erschienenen Madonna tragen sollte, die ein ovaler Rahmen mit dem Schriftzug umgab: *Ô Marie, conçue sans péché, priez pour nous qui avons recours à vous* – „O Maria, ohne Sünde empfangen, bitte für uns, die wir zu dir unsere Zuflucht nehmen." Die Rückseite zeigte ein „M", von einem Kreuz überragt. Ein zusätzlicher, breiter Querbalken am Fuße des Kreuzes verschränkte sich mit dem Buchstaben „M". Darunter sah sie zwei Herzen, das Herz Jesu und das Herz Mariens. Den

ovalen Rahmen bildeten zwölf Sterne. 1832 kam die sogenannte *Wunderbare Medaille* in Umlauf. Das Erlebnis der 1947 heiliggesprochenen Seherin trug sicherlich zur weiteren Verbreitung des Geheimnisses in der Volksfrömmigkeit bei. Die Wunderbare Medaille hat sich über die ganze Welt verbreitet und wird vermutlich von Millionen Menschen getragen, da bis heute über eine Milliarde Medaillen geprägt wurden.
Bereits 1845 beschlossen die US-amerikanischen Bischöfe auf einem Provinzialkonzil in Baltimore, die Maria Immaculata zur Patronin ihres Landes zu erheben, und über Italien und Frankreich verbreitete sich der Brauch, den Monat Mai mit besonderen Maiandachten der Gottesmutter zu weihen. Hier scheint das Talent des Papstes durch, den Blick stets auf die ganze Welt gerichtet zu haben. In jenen Jahren schien die katholische Welt in Ordnung. Bischöfe kooperierten weltweit mit dem Papst mittels zeitgemäßer Kommunikationsmittel und suchten gemeinsam unter seiner geistigen Führung den richtigen Weg für die Kirche. Die Dogmatisierung führte unter den Katholiken in aller Welt zu einer vertieften und bis heute anhaltenden, starken Marienverehrung. Die Kirche schien gerüstet für die kommenden Probleme der zweiten Hälfte des 19. Jahrhunderts. Und Pius? Er präsentierte sich als *Vicarius Christi,* ausgestattet mit der souveränen Autorität der Infallibilität. Die späteren Kontroversen um die Definition des Dogmas von der Unfehlbarkeit des Papstes haben in der Dogmatisierung der Unbefleckten Empfängnis bereits ihren eigentlichen Grund, der nur in der allgemeinen Euphorie nicht gesehen wurde.

Der Syllabus errorum

Zehn Jahre nach der feierlichen Dogmatisierung der Unbefleckten Empfängnis Mariens veröffentlichte Pius IX. am 8. Dezember 1864 die Enzyklika *Quanta cura* und den ihr als Anhang beigefügten *Syllabus complectens praecipuos nostrae aetatis errores, qui notantur in Allocutionibus consistorialibus, in Encycliis aliisque apostolocis Litteris sanctissimi Domini Nostrii Pii papae IX.* (Liste, die die wichtigsten Irrtümer unserer Epoche enthält, die in Ansprachen vor dem Konsistorium, in Enzykliken und anderen apostolischen Briefen unseres heiligsten Herrn Papst Pius IX. verzeichnet sind; DH 2901–2980). Die Vergegenwärtigung allein des Titels macht deutlich, daß es sich inhaltlich nicht etwa um Neues handelt, sondern vielmehr um eine Zusammenführung von bereits in früheren Veröffentlichungen und Ansprachen des Papstes als Irrtümer zurückgewiesenen philosophischen und weltanschaulich-politischen Positionen. Formell ist der *Syllabus* in 10 Abschnitte untergliedert:

1. Pantheismus, Naturalismus, absoluter Rationalismus
2. gemäßigter Rationalismus
3. Indifferentismus, Latudinarismus
4. Sozialismus, Kommunismus, geheime Gesellschaften, liberal-klerikale Vereine
5. Irrtümer über die Kirche und ihre Rechte
6. Irrtümer über die bürgerliche Gesellschaft an sich sowie hinsichtlich ihrer Beziehungen zur Kirche
7. Irrtümer über die natürliche und christliche Ethik
8. Irrtümer über die christliche Ehe
9. Irrtümer über den weltlichen Prinzipat des Papstes
10. Irrtümer, die sich auf den heutigen Liberalismus beziehen

Wie kommt ein Papst auf die Idee, eine solche Liste zu verfassen, die ja von vielen als Kriegserklärung der Kirche an die moderne Welt verstanden wurde? In der Tat wird man dem sogenannten *Syllabus errorum* nur dann gerecht, wenn man ihn als Ergebnis einer Entwicklungslinie innerhalb der sich zunehmend verschlechternden Situation der Kirche nach den durch die Revolutionen ausgelösten Krisen liest. Mit dem für das Abendland so folgenschweren Datum 1789 hatte sich eine Welle von gesellschaftlichen Veränderungen in Gang gesetzt, die das geistesgeschichtliche Klima in ganz Europa auf den Kopf stellte. Die als unüberwindlich erscheinende Gesellschaftsordnung wurde erschüttert durch die geistigen und philosophischen Revolutionen des 18. und 19. Jahrhunderts, v. a. durch die Deklarationen der Menschen- und Bürgerrechte und die sich daraus ergebenden religiösen und bürgerlichen Freiheiten. Dazu kam, daß die modernen Freiheiten auch die Souveränität des Papstes über den Kirchenstaat hinterfragten, und das neue italienische Parlament in Turin eine aggressive antikirchliche Politik betrieb. Die Kirche sollte aus allen Bereichen des gesellschaftlichen Lebens verdrängt werden.

Die Anfänge der *Französischen Revolution* von 1789, die Gilbert Keith Chesterton „eine verrücktgewordene christliche Idee" nannte, vereinten politische u. kirchliche Reformkräfte. Die Revolutionäre versuchten, die Kirche in die Demokratie einzuschmelzen. Die Kirche wehrte sich und wurde, grausam verfolgt. Z. B. wurde die (kath.) Bevölkerung der Vendée so gut wie ausgelöscht.

Im Syllabus spiegelt sich also keine Selbstherrlichkeit, die der Welt das eigentlich Richtige und Wahre präsentiert, sondern der ehrliche Versuch, eine Antwort darauf zu finden, wie sich die katholische Kirche auf die „neue und moderne" Welt einstellen soll und welche Antworten sie den Gläubigen in der Kirche darauf geben soll. Die Zerstörung traditioneller Werte auf gesellschaftlichem und moralischem sowie religiösem Gebiet konnte einen Papst, der für das Heil seiner Kirche und der Gläubigen verantwortlich war, nicht gleichgültig lassen. Zu leicht interpretiert die heutige Geschichtsschreibung den Syllabus als Politikum, als Machtdemonstration zur Erhaltung des Kirchenstaates. Der Aspekt der religiösen und spirituellen Verantwortung wird dabei völlig ausgeblendet. Mit einer einseitigen Politisierung der „Irrtümer" wird man jedoch weder dem Text noch der Intention Pius' IX. gerecht.

Die Idee

Die Idee zur Systematisierung der Zeitirrtümer kam nicht von Pius. Er griff einen Vorschlag des damaligen Erzbischofs von Perugia, Vincenzo Gioacchino Pecci, seines späteren Nachfolgers Leo XIII., auf und stellte aus seinen bisherigen Verlautbarungen 80 Zeitirrtümer zusammen. Ausgearbeitet wurde die endgültige Sammlung von einer Kardinalskommission unter Kardinal Prosperino Caterini, der als Grundlage eine Pastoralkonstitution des Bischofs von Perpignan, Philippe Gerbert, aus dem Jahre 1860 benutzte. Gerbert sammelte 85 der katholischen Lehre konträr gegenüberstehende Irrtümer, die zunächst auf 61 zusammengefaßt, für die Veröffentlichung als *Syllabus errorum,* dem „Anhang" zu *Quanta cura,* wieder ausgefaltet wurden.

Aus der hier nur skizzierten Vorgeschichte des Dokumentes kann schon einmal abgelesen werden, daß es sich keinesfalls um den Alleingang Pius' IX. handelte, sondern daß es innerhalb der Kirche an unterschiedlichen Orten und aus je unterschiedlichem Anlaß die Notwendigkeit gegeben hatte, auf die gesellschaftlichen Anfragen und politischen Ereignisse zu reagieren.

Es bestand akuter Handlungsbedarf. Andernfalls würde die Kirche aus ihrer Unabhängigkeit sowohl in die Manipulierbarkeit und Willkür politischer Entscheidungen als auch in geistig-philosophische Aushöhlung gedrängt. Unabhängigkeit besteht ja nicht nur in der soziologisch greifbaren Freiheit der Institution, sondern auch in der Freiheit philosophischer und theologischer Argumentation. Genau darin sah Pius seine größte Aufgabe. Er sah sich verpflichtet, die Gläubigen vor dem absolutgesetzten Fortschrittsglauben und einer metaphysisch verklärten Moderne zu bewahren und den Liberalismus in seiner antikirchlichen und atheistischen Ausprägung als den Irrtum des Jahrhunderts zu brandmarken. Zu den unter das Verdikt fallenden irrigen Meinungen gehören Behauptungen wie Gott sei die Natur, gut sei böse, Gott handle nicht an der Welt, eine atheistische Ratio sei Richter über alles, die göttliche Offenbarung sei dem Fortschritt zu unterwerfen, der Glaube an Christus widerspreche der Vernunft, die Wunder der Bibel seien Märchen, die kirchliche Autorität sei dem Staat unterworfen, hätte in weltlichen Dingen nichts zu sagen, nationale Kirchenbeschlüsse seien nicht mehr zu diskutieren, Nationalkirchen ohne Rombindung seien einzurichten, der Staat habe religiöse Fragen zu bestimmen, christliche Schulen seien abzuschaffen, Priesterseminare staatlich zu kontrollieren, ebenso der Umgang zwischen den Gläubigen und dem Papst, die Ehe sei kein Sakrament usw. Einmal mehr kennzeichnet sich der Syllabus errorum als notwendige Apologie, die zur Identität des eigenen Glaubens führt und zugleich sich den Gefahren stellt, die sich dem christlichen Glauben institutionalisiert und freischwebend entgegenstellen.

Religionsfreiheit

Was immer wieder in der Beurteilung des Syllabus herangezogen wird, das ist seine deutliche Absage an die Gewissens-, Meinungs- und Pressefreiheit. Walter Brandmüller hat hier zu einer der betreffenden Verurteilungen eine wichtige Verständnishilfe gegeben: „Was aber insbesondere den Zorn der liberalen Welt von damals ebenso wie heutige Mißdeutungen hervorgerufen hat, ist die Verurteilung der Religionsfreiheit, wenn der Satz als irrig bezeichnet wird, es sei lobenswert, wenn nichtkatholischen Einwanderern in katholische Länder Kultfreiheit gewährt werde. Um dies richtig zu verstehen, muß man aber jenes philosophisch-theologische Instrumentar anwenden, das die Verfasser des Syllabus voraussetzen. Dann aber heißt das, daß nicht das konträre, sondern das kontradiktorische Gegenteil des verurteilten Satzes die gemeinte Wahrheit ist. Der Papst sagt also nicht, die Gewährung der Kultfreiheit sei ‚tadelnswert‘ – das wäre das konträre Gegenteil von ‚lobenswert‘! Vielmehr meint der Papst, diese Gewährung sei ‚nicht lobens-

Konträr bezeichnet das direkte Gegenteil, z. B. bei hell – „dunkel“. *Kontradiktorisch* ist die bloße Negation, z. B. hell – „nicht hell“ *(formale Logik)*.

wert', das heißt in concreto, man nimmt es nicht mit Befriedigung, sondern mit Bedauern hin, daß andere, nach katholischem Verständnis irrige Kulte geduldet werden müssen. Eine solche Haltung kann nur kritisieren, wer den Indifferentismus beziehungsweise Relativismus zum Standpunkt gewählt hat" (Brandmüller, Kirche).

Was heißt da „modern"?

In der Beurteilung des „Falles Mortara" erschien es wichtig, sich in die damalige Zeit und ihr religiöses Denken hineinzuversetzen. In der Beurteilung des Syllabus ist das nicht minder bedeutsam, aber hier kann es hilfreich sein, gerade die historische Distanz für eine neue Einschätzung zu nutzen.

Pius IX. verurteilte Einstellungen, Geisteshaltungen, die mittlerweile Geschichte gemacht haben. Wenn wir sie schlicht unter dem Begriff „Moderne" subsumieren, der nach wie vor positiv besetzt ist, übersehen wir, daß die Geschichte Erfahrungen mit der Umsetzung, mit den Auswirkungen spezifisch moderner Ideen bereithält, die zu deren Neubewertung herausfordern. Dazu gehört die maßlose Begeisterung für den Gedanken der Nation: „Sowohl die Verletzung jedes heiligsten Schwures als auch jede beliebige verbrecherische und schändliche Tat, die dem ewigen Gesetz widerstreitet, ist nicht nur nicht zu mißbilligen, sondern sogar völlig erlaubt und mit höchstem Lob hervorzuheben, wenn dies aus Liebe zum Vaterland getan wird." Dieser Satz wurde vom Syllabus verurteilt. Walter Brandmüller hat daran erinnert, daß damit dem Prinzip „Gut ist, was dem Volke nützt" ein kirchliches Nein entgegengesetzt wurde und zwar fünfzig Jahre, „bevor es die Nazi-Ideologen formulierten" (Brandmüller, Kirche). Der Satz ist in seiner krassen moralischen Fragwürdigkeit sicher nicht die Regel der vom Syllabus verurteilten Thesen. Aber wenn man das Dokument liest und sich eine Wirklichkeit vorstellt, in der die im Syllabus verurteilten Sätze Staat, Gesellschaft und Kirche bestimmen, dann ist das gewiß keine fröhliche Moderne, erfüllt vom Geiste der Toleranz und Humanität, es ist eine kalte, atheistisch materialistische Welt, in der eine glaubenslose, kontrollierte und zurechtgestutzte Kirche ihr Dasein im Schatten eines übermächtigen Staates fristet.

Gerade historisch wird man also fragen müssen: Wie überzeugend hat sich denn die sogenannte „Moderne", der uneingeschränkte Bewunderung gezollt wird, seit dem Ende des 19. Jahrhunderts entwickelt? Die sich der Kirche entgegenstellende „Moderne" war der Beginn all jener Totalitarismen, die dem 20. Jahrhundert ihr unmenschliches und grausames Bild aufprägten.

Der Historiker Edward Elton Young Hales bringt die Tragweite des Syllabus auf den Punkt, wenn er schreibt: „Wenige denkende Menschen glaubten um 1900, daß er (Pius IX.) recht gehabt habe. Es schien notwendig zu sein, Entschuldigungen für den Syllabus zu finden – noch besser, ihn ganz zu verschweigen. Aber wir Heutigen, die wir den Kindern des europäischen Liberalismus und der Revolution begegnet sind, die wir erlebt haben, wie aus Mazzini Mussolini, aus Herder Hitler und aus den ersten idealistischen Sozialisten die unerbittlichen Kommunisten wurden, können jetzt von einer erhöhten Warte aus nochmals überdenken, ob Pius IX. oder die optimistischen Anhänger eines unfehlbaren Fortschritts recht behalten haben" (zitiert nach: Brandmüller, Kirche).

Erst im 20. Jh. Kritik a. d. Aufklärung: Diese habe historisch Barbarei bewirkt. *Dialektisch* schlage die Aufklärung in ihr Gegenteil um. MAX HORKHEIMER u. THEODOR W. ADORNO sprachen 1947 von der *Dialektik der Aufklärung* (Gesammelte Schriften Bd. 5), 1987.

„Irrtümer des heutigen Liberalismus"

Nicht ein idealtypisch verstandenes Wesen des Liberalismus, etwa so, wie man sich Grundsätze und Politik einer liberalen Partei von heute wünscht – war das erklärte Ziel des Papstes, sondern die konkrete Gestalt, die das als liberal bezeichnete System in der zweiten Hälfte des 19. Jahrhunderts angenommen hat: Sämtliche liberalen Regierungen Europas neigten zu

Der „Liberalismus“ der damaligen Zeit versuchte, sich als universale Weltanschauung repressiv durchzusetzen. FRIEDRICH HEER nannte ihn einen „Meister in der Handhabung der *inneren Inquisition*“: Die Geschichte der Kultur und Wissenschaft jener Zeit sei die „eines historischen Resistanceversuchs“ gegen diese Inquisition „und ihre stillen, aber schnell wirkenden Gerichte“ (*Grundlagen der europäischen Demokratie der Neuzeit*, Wien 1953, S. 86 f.)

einem militanten Antiklerikalismus und einer peinlichen Kontrolle des kirchlichen Lebens. Vordergründig erscheinen diese Maßnahmen als der Versuch, die Kirche und ihre Strukturen zu zerstören, nimmt man jedoch die weitverbreitete Meinung liberaler Gewährsmänner hinzu, die Religion an sich bilde ein Hindernis für den legitimen menschlichen Fortschritt und somit für die Verbesserung der Lebensumstände des Einzelnen, nimmt die liberale Kritik und ihr Wille zur Beschränkung kirchlicher Lebensvollzüge auch den Charakter einer insgesamt religionsfeindlichen Kraft an.

Und falls es, wie im Fall Österreich, zu religiös-kirchlicher Neutralität führt, so lediglich unter dem selbstgewählten Motto des Relativismus und Indifferentismus: Alle Religionen gelten als je unterschiedliche Ausdrucksformen menschlicher religiöser Gefühle, die ohne Unterscheidung den gleichen Wert hätten und damit einem einseitigen Absolutheitsanspruch entgegenstünden.

Auch die Anthropologie, der Ansatz eines Menschenbildes, konnte nicht ohne päpstliche Reaktion bleiben. Wird der Mensch als politisches Wesen gesehen, das sich rein nach soziologischen oder ökonomischen Gesichtspunkten in ein Staatengefüge einreiht und dem jede geistige und transzendente Relation fehlt, bleibt für den Glauben als ein auch über dem Staat und der Nation stehendes Prinzip kein Platz mehr. *Immanentistisch* gesehen liegt die Bestimmung des Menschen nur in der Welt eines Menschen, dem die Kategorien der Gottesbeziehung und seiner daraus abzuleitenden Bestimmung seines Lebens abhanden gekommen sind.

Genau diesen religionsfeindlichen und unmenschlichen Liberalismus galt es in den Augen Pius' IX. zu treffen. Einer sich so deutlich formierenden Bedrohung des christlichen Glaubens, der Kirche und der Rechte der Katholiken in den zunehmend säkularisierten Staaten mußte sich ein Papst widersetzen.

Obwohl dem Syllabus eine systematische Skepsis gegenüber der Demokratie als moderne Staatsform sicherlich zu eigen ist, so darf auch in diesem Fall nicht übersehen werden, daß wir uns am Anfang einer politischen Herrschaftsform befinden, die auch erst im letzten Jahrhundert voll zur Geltung gekommen ist. Die Anfänge des demokratischen Bewußtseins standen gerade Mitte des 19. Jahrhunderts unter dem Schatten der oft mißlungenen Ansätze in Frankreich und Italien. Pius zeigte sich nicht als prinzipieller Feind der Demokratie, sondern lediglich als Verteidiger der Unabhängigkeit des Papstes und der Kirche sowie jedes einzelnen Gläubigen, gegenüber einer unausgereiften und antikirchlichen demokratischen Bewegung, die zunächst ein ausgeprägt nationalistisches Gesicht trug und selbst den Papst unter das Verdikt politischer Mehrheitsentscheide zu zwingen versuchte.

Demokratie heißt 1. *Gleichheit* und 2. Selbstregierung. Große Denker der damaligen Zeit, z. B. Alexis de Toqueville, Lord Acton, John Stuart Mill, Jacob Burckhardt befürchteten eine Entwicklung zu Lasten der *Freiheit* und waren ebenfalls Demokratieskeptiker.

Nur der Papst gibt Sicherheit

Die Gesellschaft spiegelt die divergierenden Einschätzungen der Zukunft wider. Finden sich im akademischen und wirtschaftlich orientierten Unternehmermilieu die liberal-national Gesinnten, so sind es das bescheidenere Bürgertum, der eingesessene katholische Adel und die Landbevölkerung, die sich zunehmend in katholischen Vereinen organisieren. Presseorgane wie das *Mainzer Journal*, *Der Katholik*, die *Augsburger Postzeitung* und die *Historisch-kritischen Blätter* wurden zur wichtigsten Lektüre der antinationalistisch, antimilitaristisch und antipreußisch geprägten *ultramontanen* Kreise (vgl. S. 95 f.). Staatskritik und Romtreue standen einer „deutschen" Theologie und einer unbedingten Nationalorientierung gegenüber.
Der sogenannte einfache Katholik im 19. Jahrhundert hatte durchaus die Erfahrung gemacht, daß die seit 1789 hochgehaltene Parole „Freiheit, Gleichheit, Brüderlichkeit" offenbar für ihn nicht galt. Blutige Revolutionen, staatlich-nationale Unsi-

cherheit und die unterschiedlichsten Kriegswirren verdunkelten die stets so gerühmten Ergebnisse wie Freiheit, politische Mitsprache und wirtschaftliche Verbesserung der Lebensumstände. Gerechterweise dürfen auch einmal die Revolutionen auf ihre Kosten (heute: „Kollateralschäden") und Erfolge hin überprüft werden. Oder sind Veränderungen immer schon gut, nur weil sie verändern wollen?

Aber all die Umbrüche und Unsicherheiten fanden sich seinerzeit aufgehoben im Blick auf die moralische Instanz, die als Garant einer verbindlich vorgelegten Wahrheit in den Wirren der Zeit auf felsigem Grund stand: der Papst in Rom. Und Pius IX. war beim Volk sehr beliebt, wenngleich er nicht jene Medienfülle von heute zur Verfügung hatte. Außerdem regte sich das gläubige Bewußtsein der Katholiken. Durch repressive Maßnahmen eingeschränkt, begannen sie sich zu wehren. Vereine, Studentenverbindungen und intellektuelle Kreise formierten sich zum Widerstand gegen staatliche Bevormundung. Wir hatten schon die sogenannten *Piusvereine für religiöse Freiheit* erwähnt, deren Generalversammlung 1848 in Mainz den ersten Katholikentag darstellt. Die Totalsolidarisierung gipfelte nicht zuletzt in einer finanziellen Unterstützung des angeschlagenen Kirchenstaates und der kurialen Finanzmittel. Der im Mittelalter entrichtete *Peterspfennig* wurde wieder eingeführt, und in der ganzen Welt kam es zu Solidaritätskundgebungen für Pius IX.

So unterstützte beispielsweise der 1991 seliggesprochene Adolph Kolping, dessen Engagement für Lehrstellen und die berufliche sowie religiöse Bildung junger Menschen bis heute Ansporn des Kolpingwerkes ist, Sachkompetenz und universale Bildung zu vermittteln, ausdrücklich die päpstliche Politik. Sympathiekundgebungen waren für den pragmatischen Gesellenvater nicht nur Worte: Nachhaltig warb er in den *Rheinischen Volksblättern* für den Peterspfennig und half dadurch Papst Pius IX. auch finanziell.

HEINRICH FESTING: *Adolph Kolping begegnen*, 2003, S. 82 f.

Dei Filius auf dem Ersten Vatikanum

Mit dem Datum des 29. Juni 1868, also am Festtag der Heiligen Petrus und Paulus, erschien die sorgfältig ausgearbeitete Einberufungsbulle *Aeterni Patris,* die den genauen Eröffnungstermin für das kommende Konzil bekanntgab: Am 8. Dezember 1869 sollte das *Erste Vatikanische Konzil* beginnen. Als Versammlungsort wurde der Petersdom in Rom gewählt.

Standardwerke zum Vatikanum sind ROGER AUBERT, *Vaticanum I,* 1965 (Kurztitel = **Aubert**) sowie KLAUS SCHATZ, *Vaticanum I,* 3 Bde. 1992.

Fast vierjährige Konsultationen und Umfragen waren vorausgegangen. Am 6. Dezember 1864 war Pius IX. nach einer Sitzung auf einige Kardinäle zugegangen und hatte sie gefragt, ob ihrer Meinung nach ein Konzil „den außerordentlichen Bedrängnissen der Kirche" abzuhelfen im Stande sei.

15 Jahre vorher hatte Pius einen Brief erhalten: „Ich denke, Eure Heiligkeit sollten zu gegebener Zeit (und diese Zeit darf nicht lange hinausgeschoben werden) ein allgemeines Konzil einberufen, um die Irrtümer der jüngsten Zeit zu verurteilen, den Glauben des christlichen Volkes zu beleben und die Disziplin in der Kirche, die in unseren Tagen so bedenklich nachgelassen hat, zu erneuern und zu festigen. Die Übel sind allgemein, daher müssen auch die Heilmittel allgemein sein". Kardinal Luigi Lambruschini, hochgebildeter Diplomat und wichtiger Berater Pius' IX., schrieb diese Zeilen am 15. Mai 1849 nach Gaeta, ins Exil des Papstes. Sein Vorschlag scheint den Heiligen Vater inspiriert zu haben. Unter der Maßgabe strengster Vertraulichkeit wurden schließlich 21 in Rom residierende Kardinäle beauftragt, dem Papst in Form schriftlicher Gutachten ihre persönliche Meinung über die Erfolgsaussichten einer Konzilseinberufung mitzuteilen. Der Wunsch nach einem Konzil kann nach der Klarstellung gegen die „modernen Irrtümer", die der Syllabus vorgenommen hat, als ein neues, groß angelegtes Projekt gesehen werden, das die Position der Kirche zusätzlich untermauert.

Für die Abhaltung eines Konzils sprach sich auch der Sekretär der mit der Organisation betrauten Kardinalskommission, Erzbischof Granelli, aus. Er verwies auf den Umstand, daß seit dem *Konzil von Trient* (1545–1563) kein Ökumenisches Konzil mehr stattgefunden habe, und dieser lange Abstand in der Geschichte der Konzilien bisher einzigartig sei.
Im April 1865 ließ Pius IX. insgesamt 36 Bischöfe aus Italien, Frankreich, Spanien, Österreich-Ungarn und Deutschland befragen. Faßt man alle (bekannten) Gutachten zusammen, so kann von einer breiten Zustimmung für das Konzilsprojekt gesprochen werden. In den einzelnen nach Rom gesandten Voten kann man die Erwartungen, die sich an das Konzil richteten, genau ablesen. Alle eingeholten Voten stimmten darin überein, daß die in den letzten Jahren durch die Umbrüche innerhalb der Gesellschaft entstandene Verwirrung eine klare Positionierung der christlichen Glaubensprinzipien erforderte. Darüber hinaus solle eine eindeutige Lehre von der Kirche und ihrer Autorität vorgestellt werden, die ihr einen sicheren Platz in den politischen Systemen, die neu im Entstehen waren, gewährte. Das Augenmerk solle dabei nicht zu sehr auf ihrer politischen Mitsprache und Kompetenz liegen, sondern vielmehr ihren übernatürlichen Charakter hervorheben. Die Väter verfolgten also das Ziel, die Kirche aus den staatspolitischen Ränkespielen herauszuheben und ihr einen religiösen, vor den politischen Wechselfällen geschützten Platz zu garantieren. Auch Pius wußte, daß die Kirche zum Opfer nationalstaatlicher Willkür werden würde, wenn sie ihren Legitimationsgrund nicht außerhalb der weltlich-staatlichen Ordnung angeben könne.
Man kann also Absicht und Ergebnis des Konzils keineswegs auf die Dogmatisierung der päpstlichen Unfehlbarkeit reduzieren. Gerade *Dei Filius* gibt die theologische Intention Pius' IX. wieder. Theologische Schlüsselthemen wie Schöpfung, Offenbarung, Glaubensakt und das Verhältnis von Glauben und Wissen beherrschten denn auch die ersten Monate des Konzils. Gleichwohl war allen Beobachtern schon im Vorfeld klar, daß die vieldiskutierte päpstliche Unfehlbarkeit zum Thema werden würde.

Die Konstitution

Als erstes Glaubensdekret des Konzils wurde am 24. April 1870 *Dei Filius* verabschiedet. Die Dogmatische Konstitution *Dei Filius* richtet sich, bedingt durch das Thema einer natürlichen Gotteserkenntnis, nicht nur an die Katholiken, sondern an alle Menschen, die die Fähigkeit und den Willen haben, mittels der Vernunft zur Erkenntnis Gottes als Schöpfer zu gelangen. Die Behauptung, das Erste Vatikanische Konzil sei Ausdruck einer „Wagenburgmentalität", kann leicht anhand von *Dei Filius* überprüft werden. Eine Kirche, die beschließt, sich aus der bösen Welt zurückzuziehen in eine heile Welt des unantastbaren Glaubens, würde hinsichtlich der Gottesfrage trotzig erklären: „Das kann man nur glauben." *Fideismus* nennt man diese Haltung. Das Erste Vatikanische Konzil lehnte den Fideismus ab. Getreu der biblischen Lehre, Gottes unsichtbares Wesen, seine ewige Macht und Göttlichkeit seien seit der Erschaffung der Welt an seinen Werken durch die Vernunft zu erkennen (Röm 1,20), lehrte das Konzil, Gott könne mit dem natürlichen Licht der Vernunft aus den geschaffenen Dingen sicher erkannt werden: *certo cognosci posse* (DH 3004). Die Kirche definierte also die Würde der Vernunft, unterstrich die Bedeutung der Philosophie, verteidigte die Natur des Menschen!

Zweifache Ordnung der Erkenntnis

Aber dem überzogenen und selbstherrlich postulierten Autonomie- und Selbstgenügsamkeitsanspruch der neuzeitlichen Vernunft gegenüber betonte das Konzil die Abhängigkeit des geschaffenen Menschen von Gott und die Unterworfenheit der geschaffenen Vernunft unter die unerschaffene, ewige Wahrheit. Anstelle eines Systems, das sich nur auf die Maßstäbe der Natur *(Naturalismus)* und der Vernunft *(Rationalismus)* reduzieren läßt, vertraut das Konzil auf die übernatürliche und ungeschuldete Ordnung des Heils und der freiwilligen Offenbarungsmitteilung Gottes. Es lehrt, „daß es eine zweifache Ordnung der Erkenntnis gibt, die nicht nur im Prinzip, sondern auch im Gegenstand verschieden sind: und zwar im Prinzip, weil wir in der einen Ordnung mit der natürlichen Vernunft, in der anderen mit dem göttlichen Glauben erkennen." Beide Prinzipen können jedoch nicht gegeneinander ausgespielt werden. Die Vernunft ist durchaus befähigt, den im Glauben geoffenbarten Wahrheiten zu begegnen. Dennoch bleiben der natürlichen Erkenntnis die letzten Dimensionen der göttlichen Geheimnisse, auch wenn sie als Offenbarung dem Menschen mitgeteilt werden, verborgen. *Offenbaren* bedeutet ja nicht das Offenlegen der göttlichen Geheimnisse, die dann entschlüsselt, gleichsam „entblättert", jedem zugänglich im Schaufenster unserer Kirchen auslägen. Im Geschehen der Offenbarung selbst *vertieft* sich das unaussprechliche Geheimnis Gottes, das in seiner undeutbaren Vielschichtigkeit letztlich nur im Glauben erkannt werden kann.

Offenbarung als Selbstmitteilung

Gott kann, so lehrt das Konzil, mit dem natürlichen Lichte der Vernunft aus den geschaffenen Dingen „sicher, gewiß" – *certo* erkannnt werden (DH 3004). Das eigentliche Thema der Offenbarung ist die Hinordnung des erlösungsbedürftigen Menschen auf „ein übergeordnetes Ziel", das „das Erkenntnisvermögen des menschlichen Geistes" völlig übersteigt, auf Gott (DH 3006). Eine andere Frage, die das Konzil nicht explizit stellt, ist die nach der Erkennbarkeit der Inhalte der konkret an den Menschen ergangenen Offenbarung.

„Oftmals und auf vielfache Weise hat Gott einst zu den Vätern gesprochen durch die Propheten; in dieser Endzeit aber hat er zu uns gesprochen durch den Sohn (...) er ist Abglanz seiner Herrlichkeit und Abbild seines Wesens" (Hebr. 1,1–3). Der Hebräerbrief charakterisiert Offenbarung als einen Akt des Sprechens, der verbalen Zuwendung. Gott spricht zu den Menschen. Und der Inhalt seiner Mitteilungen sind nicht irgendwelche Wahrheiten, sondern Aussagen über sein eigenes Wesen und die Formulierungen seines göttlichen Willens. Offenbarung in

Dei Filius ist also zunächst keine Rezeptesammlung oder Gebrauchsanleitung zur Erstellung eines neuen Katechismus, der genau die Inhalte unseres Glaubens aufschlüsselt, sondern in erster Linie die theologische Aussage, daß Gott mit der menschlichen Vernunft grundsätzlich in seiner Existenz erkennbar ist und daß sich im Offenbarungsgeschehen Gott selbst uns Menschen ungeschuldet und aus freien Stücken mitteilt.
Kritiker des Ersten Vatikanums weisen zwar darauf hin, daß die Hauptposition der Konstitution in den dargelegten Inhalten der Offenbarung zu sehen ist. Jedoch muß auch gesehen werden, daß am Anfang einer inhaltlichen Erkenntnis des Willens Gottes die rationale Erkenntnis seiner Existenz steht. Gerade das Wesen Gottes ist es ja, das Sein in seiner ganzen Fülle zu besitzen.

Der Weg der Offenbarung

Die Offenbarung erscheint als Medium der Kommunikation, durch das dem Menschen die Inhalte des göttlichen Willens vermittelt werden sollen (DH 3027) und das ihm Kenntnis über seine Beziehung zu Gott gibt (DH 3005, 3015). Die „göttlichen Geheimnisse" (DH 3015 f., 3041), die „geoffenbarte Wahrheit" (DH 3032) und die „Glaubenslehre" (DH 3020) als „geoffenbarte Lehre" (DH 3042) sind sozusagen auf der Datenautobahn, die von Gott in Richtung Mensch fährt.
Die Eigenart des Konzilstextes ist sein starres Geschichtsbild. In den Aposteln ist das komplette Offenbarungsgeschehen zu einem Ende gekommen, in der Heiligen Schrift schriftlich und unhintergehbar fixiert. Der Kirche ist das Geoffenbarte als „Glaubensgut" anvertraut, zur treuen und ungekürzten Verwaltung und sorgfältigen Weitergabe an die nachfolgenden Generationen. Davon, daß die Kirche das ihr anvertraute Gut in irgendeiner Weise entfaltet oder unter dem Druck der zeitgenössischen Interpretationen zu einer Vervollkommnung führt, ist in *Dei Filius* nicht die Rede.
Das Konzil gibt Auskunft über das Ergangensein der Offenbarung, die ihren Weg durch die Geschichte angetreten ist. Es

verschließt aber gleichsam die Offenbarung in der Vergangenheit als unveränderbaren Schatz, der ebenso unverändert von der Kirche weitertradiert werden soll. Der Vorwurf eines ungeschichtlichen Denkens scheint vordergründig berechtigt. Schließlich hat Gott gerade durch seinen Eintritt in die Geschichte durch seine Menschwerdung und das von ihm in die Welt hineingesprochene Offenbarungswort die Geschichte als seinen Adressaten gesehen. Nur darf das Agieren Gottes in der Geschichte nicht verwechselt werden mit einer Anpassung des überlieferten Glaubensgutes an eben diese Geschichte. Es ging dem Konzil um die Abwehr der durch den Rationalismus und Naturalismus an die Kirche herangetragenen Infragestellung einer grundsätzlichen Erkenntnis der Transzendenz. Und das konnte das Konzil durch den Hinweis auf die grundsätzliche Erkennbarkeit der Existenz Gottes mittels der menschlichen Vernunft beantworten.

Pius IX. und die umstrittene Unfehlbarkeit

Von wesentlich größerer Tragweite für die Entwicklung der Kirche und speziell des Papsttums als der fundamentaltheologisch wegweisende Text von *Dei Filius* ist die Definition der päpstlichen Unfehlbarkeit in der Konzilskonstitution *Pastor aeternus*. Bevor wir uns diese Lehre des Konzils näher ansehen, müssen wir einige Gestalten und Denkbewegungen streifen, die auf verschiedene Weise als kirchengeschichtliches Umfeld der Konstitution gelten.

Vgl. ULRICH HORST, *Unfehlbarkeit und Geschichte*, 1982; KLAUS SCHATZ, *Der päpstliche Primat*, 1990 (Kurztitel = **Schatz, Primat**).

Ultramontanismus versus liberaler Katholizismus

Ab der Mitte des 19. Jahrhunderts wurden die Kräfte des Liberalismus, die Pius seit Beginn seines Pontifikats argwöhnisch beobachtete, immer stärker. Die Reduzierung des Kirchenstaates bis 1861 und die Vorrangstellung Preußens ließen liberales Gedankengut und den Protestantismus zu einer für die Kirche gefährlichen Größe werden. Im binnenkirchlichen Bereich lassen sich in jenen Jahren des Umbruchs zwei Strömungen ausmachen, die die nächsten Jahre bestimmen sollten: *Ultramontanismus* und liberaler Katholizismus. Als ultramontan werden die Anhänger der päpstlichen Unfehlbarkeit bezeichnet, die ihre katholische Identität ausschließlich in der Fixierung auf den *ultra montes* – „jenseits der Berge" residierenden Papst ziehen. Sie gelten unter den liberalen Katholiken als bigott, obrigkeitshörig und gegenwartsfeindlich. Victor Conzemius hat einmal darauf hingewiesen, daß sich der *liberale Katholizismus* oft nur durch seine antikuriale und antiultramontane Haltung auf einen Nenner bringen läßt, vielleicht auch durch die elitären Zü-

Auf der 16. Tagung des Schwerter Arbeitskreises Katholizismusforschung v. 15.–17.11.2002.

ge seiner Protagonisten (zu Döllinger und Acton siehe S. 101 ff., 111 ff.). Später knüpfte der *Modernismus* (gegen den Pius X. 1907 seine Enzyklika *Pascendi* schrieb) daran an. Gerade in Frankreich und Deutschland, den neuentstandenen Nationalstaaten, wurde „ultramontan" zum Schlagwort. Wer sich jenseits der Berge orientierte, galt als undeutsch, als nicht national, zumal das erwachende Nationalgefühl auch den Gedanken einer nationalen Kirche hervorrief. Den Ultramontanismus allein theologisch als eine Bewegung zu sehen, die sich für die Unfehlbarkeit des Papstes stark machte, greift zu kurz. Von den Gegnern einer Identifikation der Katholiken mit dem Papst wurde der Begriff politisch mißbraucht und zu polemischen Zwecken eingesetzt.

Dazu trat eine internationale Solidarisierungswelle, nachdem absehbar wurde, daß die weltlichen Stützen der Freiheit und Unabhängigkeit der Kirche in Form des Kirchenstaates langsam wegbröckelten. Umgekehrt betonte gerade Pius seit Beginn seines Pontifikates den Universalismus der katholischen Kirche, der sein personales Prinzip der Einheit im Papst habe. Gerade in Deutschland verstärkte sich die ultramontane Gesinnung bei den jüngeren Klerikern. Ultramontane Bischöfe schickten ihre Kandidaten nach Rom zum Studium in das Deutsche Kolleg *Germanicum*, weil sie deutschen Universitäten skeptisch gegenüberstanden. V.a. der sogenannte *Mainzer Kreis*, der durch den Münchener Kardinal Karl August Graf von Reisach tatkräftig unterstützt wurde, sah die Zukunft der Kirche in der inhaltlichen Geschlossenheit und in der Demonstration der Einheit unter dem Haupt des Papstes. Interessant ist die seelsorgliche Ausrichtung der ultramontanen Richtung, auf die Klaus Schatz einmal hingewiesen hat. Angesprochen werden sollte die numerische Masse des katholischen Volkes, das sich in den neuen Nationalstaaten erst zurechtfinden mußte. Der Ultramontanismus war staatskritisch, weil aus den anti-absolutistischen Freiheitsidealen eine geschlossene Nationalideologie geworden war, die Staat, Fortschritt und Moderne als neue Absoluta verehrte und Religion und Kirche als Fremdköer im neugeschaffenen Superstaat empfinden mußte.

Aus dem *Mainzer Kreis* um Bischof Johann Ludwig Colmar entwickelte sich die *Mainzer Schule*, vgl. S. 68.

Der Ultramontanismus war sicherlich ein Befreiungsschlag gegen die staatliche Bevormundung der Kirche und des einzelnen Gläubigen, aber auch die gläubig-theologische Interpretation des Hirtenauftrags des Papstes. Erst die Kirche und der Papst, dann Staat und Regierung. Die Beliebtheit von Pius IX. beim Volk gab der Bewegung eine personale Identifikation.

Die liberale Minderheit

Gegenüber den ultramontanen Strömungen, die ganz Europa erfaßten, steht eine Minderheit, die sich um den Münchener Kirchenhistoriker Ignaz von Döllinger formierte. Dieser Minderheit gehörten hauptsächlich Akademiker an. Innerhalb der Theologie waren es die Kirchenhistoriker, die sich als besonders liberale Geister betrachteten, so daß vor dem Konzil von einer „historischen Schule" gesprochen wurde. Die Kritik, die sie übten, ist auch aus ihrer fachlichen Einschränkung heraus zu erklären. Erscheinungen wie der Kirchenstaat, eine bevorzugte philosophische und theologische Schulrichtung oder die Interpretation der päpstlichen Vorrangstellung unterliegen einer zeitlichen Begrenzung und erfahren im Laufe der Geschichte Veränderungen. Aus rein historischer Perspektive erscheint alles variant und damit relativ. Für die neuscholastische Theologie, der sich die ultramontanen Kräfte verschrieben hatten, kam darin eine Infragestellung des Glaubens und der Lehre der Kirche zum Ausdruck. Wenn alles relative Geschichtlichkeit ist, was ist dann noch verbindlich?
Tatsächlich geht es zunächst einmal um verschiedene Methoden der Wissenschaft. Der Historiker beleuchtet äußere Erscheinungsformen und sammelt Fakten aus der Vergangenheit, um eine geschlossene Abfolge der historischen Ereignisse zu erhalten. Der Theologe, speziell der Dogmatiker, möchte unabhängig von menschlicher Begrenzung auf die Glaubenswahrheiten vordringen und sie als allgemeine Wahrheiten von Gott verstehen. Und diese sind unabhängig von menschlicher Schwäche und Unvollkommenheit. Man wird allerdings den

christlichen Historiker, zumal den Kirchengeschichtler, schon fragen dürfen, ob er der spezifischen Betriebsblindheit seiner Zunft nicht seinen Glauben opfert, wenn eine populäre Lesart des antik-heidnischen *panta rhei* – „alles fließt" seine wahre Religion ist, solange der Mainstream seiner eigenen Denkrichtung entspricht ...
Sobald nämlich die ersten Anzeichen auftraten, daß die Unfehlbarkeit definiert werden sollte, wurde aus den fortschrittlichen Geistern ein retardierendes Moment. Hatten die Historiker Acton und Döllinger vorher schon hauptsächlich in die Vergangenheit geblickt, erwiesen sie sich nun vollends statisch-bewahrend, d.h. im schlechten Sinne „konservativ", rückwärtsgewandt. Die Abspaltungen der frühen Kirchengeschichte resultierten übrigens ebenfalls aus einer Haltung, die lieber häretisch und schismatisch wurde, als einer weiteren Entfaltung des Dogmas zuzustimmen.
Wir wenden uns also, bevor wir näher auf Döllinger und Acton eingehen, der tatsächlichen „Avantgarde" zu.

De Maistre: Unfehlbarkeit von unten

Nicht erst mit dem Ersten Vatikanischen Konzil rückte die Vorstellung eines unfehlbaren Papstes in das Interesse der katholischen Welt. Schon in der ersten Hälfte des 19. Jahrhunderts gab es in der katholischen Kirche führende Geister, die die herrschende Ideologie ihrer Zeit ebenso ablehnten wie den politischen Mainstream. Zu ihnen gehörten Joseph de Maistre und Félicité de Lamennais in Frankreich, Joseph von Görres und George Phillips in Deutschland oder Henry Edward Manning in England. Da sie allesamt Konvertiten oder Neubekehrte waren, hatten sie nach einer Phase religiöser Verunsicherung die katholische Kirche und ihr Oberhaupt ganz neu und unverbraucht erfahren, da dieses Halt und Antwort auf die drängenden Fragen der Gesellschaft geben konnte. Joseph de Maistre erkannte bereits früh explizit in der Gestalt des Papstes Sicherheit und gesellschaftliche Stabilität. In einem berühmtgewordenen Brief an Graf von Blacas vom 22. Mai 1814 schrieb er: „Das Christentum beruht vollständig auf dem Papst, so daß man als Prinzip der politisch-gesellschaftlichen Ordnung, welcher Frankreich durch providentielle Fügung berufen ist vorzustehen, diese Beweiskette aufstellen kann: keine öffentliche Moral und kein nationaler Charakter ohne Religion, keine europäische Religion ohne das Christentum, kein Christentum ohne Katholizismus, kein Katholizismus ohne Papst, keinen Papst ohne die ihm zukommende Souveränität" (zitiert nach: Schatz, Primat, S. 179).

Auf ähnliche Weise charakterisierte de Maistre die Unfehlbarkeit: „Es kann keine menschliche Gesellschaft ohne Regierung geben, keine Regierung ohne Souveränität, keine Souveränität ohne Unfehlbarkeit; und dieses letzte Privileg ist so absolut notwendig, daß man gezwungen ist, die Unfehlbarkeit selbst in den weltlichen Souveränitäten (wo sie nicht ist) zu postulieren, wenn man es nicht auf Auflösung der gesellschaftlichen Ordnung ankommen lassen will".

JOSEPH DE MAISTRE, *Du Pape*, 1819, Bd. 1, S. 123.

Der ganzen Bewegung ist eine gewisse Reduzierung des Papstamtes auf gesellschaftliche und politische Bedingungen zu eigen. Ein staatskritisches Bündnis zwischen Volk und Papst sollte religions- und glaubensfeindlichen Interventionen der Nationalstaaten mit dem Ruf nach Unabhängigkeit und Freiheit der Kirche entgegentreten.

Wie wichtig die kirchliche Selbstbehauptung in jenen Jahren wurde, bezeugen die Ereignisse um das „Kölner Ereignis" von 1837, die zur Verhaftung des Kölner Erzbischofs Klemens August von Droste zu Vischering durch den preußischen Staat führten, weil er sich gegen die staatliche Verordnung der Mischehen wandte. Eine derartige Aktion des Staates einem Erzbischof gegenüber veränderte über Nacht das theologische Interesse an der Unfehlbarkeit des Papstes. Sämtliche Lehrbücher der folgenden Jahre betonten entschiedener die Notwendigkeit, sich mit der Frage der päpstlichen Autorität zu beschäftigen.

Zum „Kölner Ereignis" vgl. JOSEPH GÖRRES, *Athanasius*, 2. Aufl 1838.

Johann Adam Möhler: Der Romantiker der Theologie

Unter dem geistigen Einfluß der Romantik betrachtete Johann Adam Möhler die Rolle des Papsttums in seinem Verhältnis zum restlichen Episkopat wie einen lebendigen Organismus. Jeder Teil des Organismus ist wechselwirkend auf den anderen bezogen. Es gibt keine Über- bzw. Unterordnungen mehr, jede Spaltung wird überwunden und relativiert. Die Energie für das neue Konzept wird aus der Autoritätsstellung des Papstes abgeleitet.

Nimmt man die Entwicklungen ca. 20 Jahre vor dem Konzil in den Blick, so kann mit dem französischen Historiker Alexis de Tocqueville hinsichtlich der Tendenz in jenen Jahren gesagt werden: „Der Papst wurde mehr von den Gläubigen dazu angetrieben, absoluter Herr der Kirche zu werden, als sie von ihm, sich seiner Herrschaft zu unterstellen. Die Haltung Roms war mehr Wirkung als Ursache" (zitiert nach: Schatz, Primat, S. 183).

Nur vier Jahre vor der Definition des Dogmas erschien ein weiterer Artikel in der Jesuitenzeitschrift *Civiltà Cattolica*, der den Titel „ein dreifacher Tribut an den heiligen Petrus" trägt. In ihm ist zu lesen: „Es ist heute soweit gekommen, daß der Krieg der Gottlosen gegen die katholische Kirche sich ganz auf die Angriffe gegen das Papsttum konzentriert, und zwar sowohl auf seine geistlichen wie auf seine weltlichen Vorrechte. Darüber können wir uns sogar freuen anstatt zu klagen; denn es zeigt sich auf diese Weise, daß hier der unüberwindliche Fels ist ... aber weil hier für jeden Katholiken das höchste Interesse liegt, darum ist es auch höchste Pflicht, sich, soweit wie möglich, an diesen Mittelpunkt zu binden ...", was konkret gesprochen in der eingeforderten Gelübdeformel mündet, „durch welche man sich verpflichten könne, die Lehre von der päpstlichen Unfehlbarkeit immer zu vertreten und gegebenenfalls bis zum Martyrium zu bekennen" (zitiert nach: Schatz, Primat, S. 184).

Die geistige Solidarisierungswelle mit einem politisch entmachteten Papst und dem durch die neuen philosophischen

Richtungen angegriffenen Glauben ebneten den Weg auch psychologisch für das wenige Jahre später definierte Dogma. Fairerweise muß auch auf eigenartige Interpretationen aufmerksam gemacht werden. So sprach etwa der Bischof von Calvi und Teano, Bartolemeo D'Avanzo (1811–1884, 1876 Kardinal), davon, daß es bei der Definition um die Hervorhebung der übernatürlichen Ordnung gegen den Naturalismus gehe und somit der Papst als die „Inkarnation der übernatürlichen Ordnung" zu gelten habe, aus der Christus selbst zu den Menschen spricht.
Zusammengelesen ergeben die unterschiedlichen hier dargestellten Faktoren, die das Zustandekommen einer Unfehlbarkeitsdefinition betrieben, folgendes Gesamtbild: Abwehrhaltung gegenüber nationalstaatlicher Bevormundung, romantisch verklärtes Organismusdenken und Sehnsucht nach einem Sicherheit gebenden Felsen verbinden sich mit der neuerweckten Freude an lehramtlicher Entscheidungsautorität zu einem Strang, der einer in die Enge getriebenen Kirche wieder Mut und Kraft gab, sich nach innen neu zu formieren und ihre Identität wieder nach außen in missionarischem Eifer zu präsentieren.

Der Fall Döllinger

In der Person Döllingers begegnet dem Leser die eigentliche Galionsfigur der Protestbewegung. Döllinger entwickelte sich selbst von einem antiprotestantischen Polemiker, der 1843 die „Kniebeugungsordre", mit der König Ludwig I. anordnete, auch evangelische Soldaten der militärischen Abordnung zur Fronleichnamsprozession hätten vor dem Allerheiligsten niederzuknien, verteidigte, zu einem scharfen Kritiker der päpstlichen Unfehlbarkeit. Auch seine politischen Ansichten erfuhren einen Wandel. Rühmte er als Abgeordneter des Frankfurter Parlaments 1848/49 die Freiheit der Kirche, polemisierte er 1861 gegen den Kirchenstaat. Erstmals Aufsehen erregte er 1848/49 mit

Ignaz Döllinger (1799–1890): Prof. f. Kirchengeschichte und Kirchenrecht in Aschaffenburg und München. Abgeordneter des bayerischen Landtags (1845–1847) und der Frankfurter Paulskirche. Von den 50er Jahren an theologisch kritisch, von den 60ern an problematisch.

seiner Forderung nach einem Nationalkonzil und einem deutschen Primas. Der Münchener Erzbischof Karl August Graf von Reisach, später Kardinal an der Kurie, wurde bei solchen Äußerungen innerlich alarmiert. Jede nationale Abkoppelung oder auch nur der Anschein, durch nationale Bestrebungen die durch politische Umstände angegriffene päpstliche Autorität zu schwächen, wurde mit den nationalkirchlichen Ansätzen des 18. Jahrhunderts in Verbindung gebracht und als existentielle Bedrohung begriffen.

Kirche ohne Land: die Odeons-Vorträge

In den Augen Roms wurde der erste Eindruck bestätigt in zwei öffentlichen Vorträgen, die Döllinger 1861 in München hielt, den sogenannten *Odeons-Vorträgen*. In ihnen beschreibt Döllinger die Situation der Kirche ohne territoriale Rückbindung an den Kirchenstaat. 700 Jahre hätte sie ohne Länderbesitz ihre Pflicht erfüllt. Wieso sollte nun ihr ganzer Ehrgeiz sich auf die Erhaltung des Kirchenstaates richten? Seine persönlichen Schwierigkeiten mit der Tatsache einer faktischen territorialen Herrschaft der Kirche übersahen die Bedeutung einer territorial bedingten Vereinnahmung oder Pression des Papstes von Seiten der nationalen Kräfte in Italien: Die Zentrale der Kirche, ein Spielball nationaler, revolutionärer, liberalistischer Kräfte, das bedeutete Verlust der Handlungsfreiheit, der Souveränität, letzlich der Einheit der Kirche. Die von Döllinger prophezeite Freiheit der Kirche war die Freiheit eines Schafes im Wolfsrudel.

Die Münchener Gelehrtenversammlung

Das folgende Ereignis gehört zu den Vorboten der Entwicklung, die sich langsam von Frankreich und Deutschland aus gegen Rom richtete. Die Suche nach einer Neuordnung des Verhältnisses von Theologie und Lehramt, Theologie und Geschichte sowie die Suche nach einer unabhängigen Form von Theologie, die auch irren kann, ohne sofort gemaßregelt zu werden, sind nur einige Punkte, deren Lösung man auf einer Gelehrtenversammlung zu erreichen suchte. An der Spitze der Bewegung stand „der vordem vielgefeierte Name eines Theologen, der durch sein ausgebreitetes Wissen, sein langjähriges Wirken als Lehrer, zu dessen Füßen Tausende von begeisterten Schülern gesessen, seine Stellung am Hofe, seine wirklichen und unbestreitbaren Verdienste um die Kirche einen großen Einfluß in Deutschland und über dessen Grenzen hinaus gewonnen hatte."

Gemeint war Ignaz Döllinger. Vom 28. September bis zum 1. Oktober 1863 traten 84 Gelehrte verschiedener Disziplinen aus Deutschland, Österreich und der Schweiz, in der Mehrzahl Theologen und Philosophen, in der Münchener Benediktinerabtei St. Bonifaz zu einem Gelehrtenkongreß zusammen, dessen Ziel es war, anstehende Probleme und Fragen auf dem Gebiet der Theologie und der Kirche zu diskutieren. Als es um die Wahl des Vorsitzenden der Versammlung ging, bestimmte die Versammlung Döllinger per Akklamation in dieses Amt. Lediglich zwei Mitglieder des Plenums votierten gegen Döllinger. Sie fühlten sich durch seine beiden Schriften *Kirche und Kirchen, Papsttum und Kirchenstaat* (1861) und *Die Papstfabeln des Mittelalters* (1863) kompromittiert. Das Ereignis in München bildete den eigentlichen Auftakt im Kräftespiel der kirchenpolitischen und theologischen Auseinandersetzungen. Ziel war es, das Anliegen um die Freiheit der Wissenschaft, die Rolle der Theologie innerhalb der Kirche und das Verhältnis dieser zum kirchlichen Lehramt zu diskutieren. Die unterschiedlichen Auffassungen zwischen einer mehr historisch-kritisch orientierten Theologie, die es nicht versäumt, auch die Ergebnisse und Beiträge der zeitgenössischen Philosophie und der protestantischen Theologie zu rezipieren, und einer neuscholastisch, systematisch-dogmatisch orientierten Schule, die sehr stark auf das hierarchische und kirchliche Element abhebt, kamen in München zu Wort.

Eine Rede Döllingers wird gern als „das Hauptereignis der Konferenz" qualifiziert. Sie trägt den Titel *Die Vergangenheit und Gegenwart der katholischen Theologie* und legt eine präzise

Darstellung der christlichen Theologiegeschichte von den Vätern bis zu einzelnen Entwürfen der Gegenwart vor. Was die Kritik erregte und vielen Vertretern der *Römischen Schule* mißfiel, waren die Anmerkungen zur italienischen Theologie der Gegenwart, die negative Beurteilung der scholastischen Methode und die ungewöhnliche Einstufung des kirchlichen Lehramts. So kam es zu einer Gegenerklärung, die von namhaften Vertretern der römischen Theologie unterzeichnet wurde. Darin wurde das Einschreiten der kirchlichen Autorität bei theologischen Irrtümern verteidigt und die scharfe Kritik an der Römischen Schule zurückgewiesen. Trotz der unüberwindbar erscheinenden Gegensätze endete der Gelehrtenkongreß versöhnlich.

Römische Schule: v. a. die Jesuiten Carlo Passaglia (vgl. Randnote S. 36), Giovanni Perrone (1794–1876) und Joseph Kleutgen (vgl. S. 66)

Tuas libenter – Die Antwort Pius' IX.

Am 21. Dezember 1863 schrieb Pius IX. an den Erzbischof von München und Freising Gregor von Scherr. Als einer der Initiatoren der Gelehrtenversammlung in München hatte Döllinger die Freiheit der Wissenschaft in der Theologie gefordert. Dagegen legte Pius in seinem Brief klare Richtlinien für die Behandlung des wissenschaftlichen Betriebs der Theologie vor. Was hatte aber die Reaktion des Papstes provoziert? Die Kontroverse um unterschiedliche Wissenschaftstheorien? Die schon lange anerkannte Universitätstheologie? Verkürzt man die Position Döllingers nicht, wenn sie ausschließlich auf den Schlachtruf „Freiheit der Wissenschaft" fokussiert wird? Döllinger war von seinem Ansatz her eher Historiker denn Theologe. Seine geistige Herkunft nährt sich aus einem hegelianisch bestimmten Geschichtsbewußtsein, dem immer stärker werdenden Einfluß der Aufklärung und durch die Romantik hervorgerufenen nationalen Empfindungen. Er kann charakterisiert werden als Mitglied der deutschen Akademikergilde, die sich um die Entwicklung der Kultur und die nationale Identifikation sicherlich mitunter große Verdienste erwarben. Folgenschwer für die Kirche war hingegen, daß eine solche Öffnung auf die Nation und deren „glorreiche" Geschichte die Kirche automatisch Gegner werden ließ. Stand sie doch für Internationalität und ethnische Entgrenzung, eben für katholisches Bewußtsein.

„Uns Deutschen ist es gegeben …"

Bereits 1848/49 war Döllingers Anliegen die Schaffung einer „deutschen Nationalkirche" unter einem Primas, der jedoch zugleich eng mit Rom verbunden sein sollte. Eine Rede aus dieser Zeit zeigt, welche Verklärung und theologische Überhöhung Döllinger der Nation, zumal der deutschen, zukommen ließ:
„Die Nationalität ist etwas der Freiheit des menschlichen Willens entrücktes, Geheimnisvolles und in ihrem letzten Grunde selbst etwas von Gott Gewolltes ... Die deutsche Nation gehört unstreitig zu jenen welthistorischen, die ganz besondere Werkzeuge in den Händen der göttlichen Vorsehung sind."
Nationale Verschiedenheiten innerhalb der katholischen Kirche „bilden die innere Grundlage einer Nationalkirche". Gott habe es so gefügt, „daß die größere Hälfte der Nation jetzt wieder katholisch ist; dieser Teil der Nation ist der eigentliche Träger und Repräsentant der deutschen Nationalität".
In der bereits erwähnten Rede Döllingers *Die Vergangenheit und Gegenwart der katholischen Theologie* kommt es 15 Jahre später zur nationalen Überhöhung der deutschen Theologie: „So ist denn in unseren Tagen der Leuchter der theologischen Wissenschaft von seinen früheren Stellen weggerückt, und die Reihe, die vornehmste Trägerin und Pflegerin der theologischen Disziplinen zu werden, ist endlich an die *deutsche Nation* gekommen … Das Charisma der wissenschaftlichen Schärfe und Gründlichkeit, der rastlosen, in die Tiefe dringenden Forschung und der beharrlichen Geistesarbeit ist uns Deutschen einmal gegeben".

In: J. J. IGNAZ VON DÖLLINGER, *Kleinere Schriften,* hrsg. v. Franz Heinrich Reusch, 1890, S. 161–196, hier S. 180 f., 184.

Von nationalem Rausch zeugt auch folgender Abschnitt aus der Rede: „In Deutschland also haben wir künftighin das Heimatland der katholischen Theologie zu suchen. Hat doch auch kein anderes Volk, als das deutsche, die beiden Augen der Theologie, Geschichte und Philosophie, mit solcher Sorgfalt, Liebe und Gründlichkeit gepflegt; sind doch in beiden Gebieten die Deutschen die Lehrer aller Nationen geworden." Die deutsch-nationale Arroganz hielt es nicht für nötig, auf die Theologie der Römischen Schule einzugehen, die Döllinger nur als Relikt einer dunklen Vergangenheit belächelte. Selbst herausragende Gestalten anderer Länder wie etwa der große Kardinal John Henry Newman fanden keine Erwähnung, obwohl die Theologiegeschichte früherer Zeiten von Döllinger durchaus auch international gewürdigt wurde. Aber für die Gegenwart trug der deutsche Historiker eine so national getönte Brille, daß er konkurrierende theologische Ansätze, zumal solche, die in Rom und ultramontanen Kreisen erfolgreich waren, geflissentlich ignorierte. Oder kam ihm, der er Theologie quasi als Zensurbehörde für lehramtliches Unwesen betrachtete, möglicherweise ein kirchlich gesinntes und kirchlich rezipiertes Denken gar nicht als Theologie vor?

Solche Töne mußten jedenfalls in Rom, das durch die politische Situation im eigenen Land gegen jede nationalistische Verengung der Gesellschaft eingestellt war, Bedenken wecken. Hinzu kam die bereits erwähnte Vertauschung der Rolle von Theologie und Lehramt. Ihr Handwerkszeug erhielt die Theologie in Döllingers System durch die Geschichte: Alle gegenwärtigen Bestandteile des Christentums und der Kirche obliegen einer ständigen Relativierung durch die Geschichte. Interessanterweise verbinden sich in der Gestalt Döllingers und in seinem Ansatz einerseits der Versuch, die Theologie vom Lehramt zu befreien, und andererseits eine deutliche Vereinnahmung der theologischen Wissenschaft durch eine Art „Deutschtümelei", als ob es in anderen Ländern dieser Erde keine kompetente und sachgemäße Theologie gegeben hätte (vgl. auch Randnote S. 117).

Martin Grabmann zeigt in *Die Geschichte der katholischen Theologie seit dem Ausgang der Väterzeit,* 1933, sehr schön den Reichtum der kathol. Theologie von Ungarn bis Amerika im 19. Jh. (S. 248 ff.).

Die Reaktion aus Rom ließ nicht lange auf sich warten. Pius IX. übersandte besagten Brief an den Erzbischof von München, in dem er in aller Ausführlichkeit seine Gegenposition zu Döllingers Rede auf dem Gelehrtenkongreß formulierte. *Tuas libenter* versucht ausgleichend die Herabsetzung der traditionellen Theologie und deren geschichtsphilosophische Relativierung zurückzuweisen und gleichzeitig die enge Verbindung von Lehramt und Theologie zu betonen. Daß die universitäre Theologie zu einem Korrekturelement der lehramtlichen Verkündigung werden solle, war nicht nur für Pius IX. ein kirchlich vorwitziger Gedanke: Die wissenschaftliche, akademische Theologie steht nicht als gleichwertiger Gesprächspartner dem Lehramt gegenüber, sie ist nicht dessen legitime Opposition. Theologie steht im Dienst der autoritativen Verkündigung der Kirche.

Pseudonym „Janus"

Am 6. Februar 1896 schrieb die Zeitschrift *Civiltà Cattolica*, das Organ der Jesuiten, die Gläubigen hofften, daß das angekündigte Konzil die Unfehlbarkeit des Papstes per Akklamation definieren werde. Allein die Ankündigung sorgte bei vielen Kritikern für große Aufregung. Ignaz Döllinger begann jetzt mit allen ihm zur Verfügung stehenden Mitteln zu agitieren. Als erstes veröffentlichte er sozusagen als Gegenschrift zum *Civiltà*-Artikel vom 10. bis zum 15. März 1869 in der *Augsburger Allgemeinen Zeitung* – übrigens gegen ein ausgesprochenes „Starhonorar" der kirchen- und katholikenfeindlichen Zeitung – fünf Artikel, in denen aufgrund historischer Argumente nicht nur eine zweifellos übersteigerte Vorstellung von der Unfehlbarkeit des Papstes zurückgewiesen wurde, sondern die Autorität des Papstes als Oberhaupt der katholischen Kirche in seiner traditionellen Form überhaupt in Frage gestellt wurde. Eine Polemik: „Wozu noch mühsames Forschen in der Bibel, wozu das zeitraubende, an so schwierige Bedingungen und Vorkenntnisse geknüpfte Studium der Tradition, wenn ein einziger Ausspruch des untrüglichen Papstes die gewissenhafte theologische Arbeit eines halben Menschenalters wie durch einen Hauch zu zertrümmern vermag, und wenn

Zu Döllingers publizistischer Aktivität siehe das hervorragende Buch von WALTER BRANDMÜLLER, *Ignaz v. Döllinger am Vorabend des I. Vatikanums*, 1977 (Kurztitel = **Brandmüller, Döllinger**).

auf eine telegraphische Anfrage in Rom binnen wenigen Stunden oder Tagen die sofort zum Glaubensartikel und dogmatischen Axiom sich gestaltende Antwort erfolgt?"

Döllinger skizziert die Unfehlbarkeit des Papstes als eine Art von immerwährendem Orakel, welches binnen weniger Tage die theologischen Errungenschaften eines halben Menschenalters via Telegramm zu zerstören vermag! Eine Karikatur. Mit der Lehre von der päpstlichen Unfehlbarkeit, wie sie das Erste Vatikanum definiert hat, hat das herzlich wenig zu tun. Aber es ging schließlich darum, das deutsche Bildungsbürgertum gegen Rom aufzubringen. Die Zeitungsartikel wurden noch im Sommer des gleichen Jahres unter dem Pseudonym „Janus" in einer umfangreich erweiterten Fassung publiziert. In der Buchfassung *Der Papst und das Konzil* traten Döllingers ekklesiologische und geschichtsphilosophische Positionen deutlicher hervor als in den „staccato"-Artikeln der *Augsburger Allgemeinen Zeitung*.

Wie Gioberti (vgl. S. 19), der von „der Diktatur der Meinung" sprach, war auch Döllinger der Ansicht, eine (von ihm) gelenkte öffentliche Meinung müsse das Lehramt dominieren: *vox populi – vox dei* (vgl. Brandmüller, Döllinger, S. 3–6).

Döllingers „Janus" ist nicht untypisch sowohl für die Meinungsmache als auch für das Flügelschlagen, welches bereits vor Beginn des Konzils die Absicht einer Definition päpstlicher Unfehlbarkeit hervorrief. Als „wenig opportun" erklärte auch die in Fulda tagende Mehrheit der dort versammelten deutschen Bischöfe das kuriale Vorhaben. Ohne Einschränkung traten hingegen die Erzbischöfe Dechamps von Mecheln und Manning von Westminster sowie Kardinal Donnet von Bordeaux und Bischof Piè von Poitiers für eine Definition ein.

Die Zirkulardepesche – Döllinger sucht Verbündete

Es ist schon erstaunlich, mit welchem Eifer seitens der katholischen Intellektuellen, als deren Galionsfigur sich Döllinger betrachtete, man die zu erwartenden Themen des nahenden Konzils zu verhindern suchte. Neben den publizistischen Bemühungen Döllingers in der *Augsburger Allgemeinen Zeitung* bzw. im Janus verbündete er sich auch mit seiner ohnehin liberal-national, eher romkritisch und antipäpstlich eingestellten Regierung. In der Gestalt des (preußischen) Ministerpräsidenten von Bayern, Chlodwig Fürst zu Hohenlohe-Schillingsfürst (1819–1901), der Reichskanzler Otto von Bismarck im Kulturkampf (siehe S. 135–140) gegen die Kirchen unterstützte, fand er den geeigneten Partner, um gegen Rom mobil zu machen. Am 9. April erging an alle bayerischen Gesandtschaften die sogenannte *Zirkulardepesche*, die alle europäischen Regierungen auf einen antirömischen Kurs einschwören sollte. Argumentiert wurde mit den Szenarien einer mittelalterlichen Vorherrschaft der Kirche und des Papstes, die den weltlichen Regierungen in ihrer demokratischen Verfassung feindlich gegenüberstand. Die päpstliche Weltherrschaft, so die ins Felde geführte Horrorvision, solle auf Kosten der liberalen und modernen Staaten mit den Beschlüssen des kommenden Konzils wiedererrichtet werden. Ein fanatisierter Klerus, der zwangsläufig durch die Dogmatisierung der Unfehlbarkeit des Papstes entstehen würde, so Döllinger, würde zu einer latenten, im Verborgenen brodelnden Gefahr für den Nationalstaat werden. Und er setzte noch dazu: Die Anhänger des prorömischen Kurses könnten aufgrund ihrer moralischen Verpflichtung Rom gegenüber keine guten und loyalen Staatsbürger sein. Einen Ausweg sah er in der Aufkündigung des Konkordats.

Durch ähnliche Verleumdungen brachte noch 1874 der englische Premierminister Gladstone die Katholiken seines Landes in Bedrängnis (GERHARD LUDWIG MÜLLER, *John Henry Newman begegnen*, 2000, S. 70 f.).

Das Schreckensgespenst hatte System. Bereits in den März-Artikeln der *Augsburger Allgemeinen Zeitung* war es mit Erfolg erprobt worden und ist sicherlich in seinem Einfluß auf die Intellektuellen in Deutschland nicht zu unterschätzen.

Ohne Zweifel zählt Ignaz von Döllinger zu den herausragendsten Kirchenhistorikern des 19. Jahrhunderts. Fraglich hingegen scheint, nimmt man den in all seinen Äußerungen zur Infallibilität mitschwingenden antirömischen und antipäpstlichen Duktus, der immer als Pendant zu einer romantisch verklärten Glorifizierung der Nation auftritt, ob Döllinger die Unfehlbarkeit nicht im Schwange seiner nationalen Gesinnung bekämpft hat. Gewiß hat er auch als Historiker und Katholik seine Schwierigkeiten damit gehabt. Aber die Verzerrung dessen, was noch nicht einmal beschlossen war und auch gar nicht so beschlossen werden sollte, wie Döllinger und viele andere Unfehlbarkeitsgegner nicht müde wurden zu behaupten, entwickelte während des Konzils den Charakter einer Phobie.

Auf Drängen des Münchener Erzbischofs Scherr, der selbst Schüler Döllingers gewesen ist, sich den Dekreten des Vatikanischen Konzils zu unterwerfen, antwortete dieser lakonisch: „Als Christ, als Theologe, als Geschichtskundiger, als Bürger kann ich diese Lehre nicht annehmen". Rom hat das weitere Vorgehen gegen den renitenten Münchener Professor – ganz und gar nicht zentralistisch – ins Ermessen seines Bischofs gestellt. Am 17. April 1871 verhängte Erzbischof Scherr (nach wiederholten Aufforderungen nachzugeben und monatelangen Verhandlungen) über Döllinger die große Exkommunikation.

Döllinger hatte die Unbefleckte Empfängnis Mariens ebenso wie den Syllabus (beide 1854) verworfen, wurde aber erst wegen der verweigerten Anerkennung des Dogmas von der Unfehlbarkeit (1870) ein halbes Jahr darauf exkommuniziert.

Zu der sich daraus entwickelnden „Altkatholischen Kirche" hielt Döllinger stets Distanz. Seine eigene Exkommunikation kommentiert er in einem Brief an Lord Acton: „Damit die falsche Lehre in der Kirche nicht herrschend werden oder doch später wieder ausgestoßen werden könne, muß es eine Anzahl von Menschen geben, welche sie laut und offen fort und fort verwerfen und bestreiten, die sich aber nicht selber von der Kirche trennen" (Brief vom 19. September 1871).

Eine kritische Symphatie hegte er dennoch für die neu entstehende „Kirche", weil er apodiktisch nicht von seiner Behauptung abweichen wollte, die Beschlüsse des Ersten Vatikanischen Konzils stellten einen Bruch mit der bisherigen Kontinuität der kirchlichen Lehre dar. Es wurde in den folgenden Jahren still um Döllinger, der noch einmal in den 70er Jahren einen versöhnlichen Anlauf startete, indem er öffentliche Vorlesungen über die Wiedervereinigung der christlichen Kirchen in München anbot. Das Interesse hielt sich in Grenzen. Es gehört wohl zur Tragik seines Lebens, das er unversöhnt mit der Kirche sterben mußte, die er vor einem Fehler bewahren wollte.

Sir John Emerich Dalberg Acton

Odo Russel, der Vertreter der britischen Regierung in Rom, nannte in einem Brief Lord Acton die „Seele der Opposition". Die Opposition, das waren die in die Kirchen- und Konziliengeschichte als *Minorität* eingegangenen Gegner der Dogmatisierung der Unfehlbarkeit. Acton (1834–1924), ein großer Gelehrter und Historiker, war von 1850 an Schüler Döllingers in München. Mit ihm verband ihn eine enge Freundschaft, die sich vor allem im gemeinsamen Agieren gegen die Unfehlbarkeit und das Vatikanische Konzil festmachen läßt. Lord Acton war auch mit dem englischen Premierminister Gladstone befreundet. Dieser war als liberal-nationaler Vertreter der neuen politischen Ordnung in Europa dezidiert anti-infallibilistisch: Gladstone glaubte, jede Äußerung des Papstes werde dann letztverbindlich. Der Absolutheitsanspruch des Papstes setze die Grundlagen des modernen Staates außer Kraft. Er wollte Pius IX. zu einem entsprechenden „Offenbarungseid" provozieren. Entsprechend deklarierte er die Veröffentlichung der Predigten Pius' IX. zwischen dem 20. Oktober 1870 und dem 18. September 1873 kurzerhand als „aufrührerische Schriften" (vgl. Randnote S. 109).

Freiheit in der Kirche

Acton verschrieb sich seinem großen Lebensmotto „Freiheit in der Kirche" und plädierte für ein rigoroses historisches Schuldbekenntnis der Kirche. Von dieser moralischen Mission geleitet wurde er zu einem, wenn nicht zu dem erbittertsten Kritiker päpstlicher Befugnisse und des päpstlichen Amtes. Die gesamte Liste der Vergehen im Namen der Kirche: Inquisition, Judenverfolgung, Kreuzzüge usw. erschien ihm als Kette des Verrates an der Lehre Jesu und am Evangelium. Zu diesen Vergehen müsse die Kirche ohne Einschränkungen stehen. Den Einwand, daß die genannten Ereignisse ihren Platz in der ihr eigenen Zeit haben und aus ihrer je eigenen Situation heraus zu betrachten seien, wies er engstirnig zurück. Hinsichtlich eines Historikers wie Lord Acton muß die Frage erlaubt sein, ob Ereignisse der Vergangenheit adäquat beurteilt werden können, indem man sie quasi mit dem Fernrohr rein aus heutiger Sicht betrachtet. Bedarf es nicht, um zum eigentlichen Kern der historischen Fakten zu gelangen, des Vermögens, sich in die behandelte Zeit hineinzudenken?

Eine falsche Unfehlbarkeit

Die so beschriebene Grundhaltung Lord Actons ist die Basis für sein Unfehlbarkeitsbild. In der vatikanischen Lehre sah er ausschließlich den Versuch des Lehramtes, in diesem Fall speziell des Papstes, alle Irrtümer der Geschichte nachträglich zu sanktionieren. Für Acton war „das Streben nach Willkür im päpstlichen System enthalten", so ist es in einem Brief an seinen Lehrer Döllinger zu lesen.
Actons Engagement wäre – von seinen zweifelhaften Methoden abgesehen – als korrekt einzustufen, wenn es den Befürwortern der Infallibilität und Pius IX. tatsächlich um die rückwirkende „Heiligung" der geschichtlichen Irrtümer und Fehlleistungen der Kirche gegangen wäre. Aber das war nicht die Intention Pius' IX. und auch nicht die Vorstellung der Majoritätsbischöfe. Statt in die Vergangenheit wollte das Konzil den Blick auf die Gegenwart und die zukünftigen Probleme der Kirche lenken. Grund und Notwendigkeit der Definition sind aus der Kontroverse mit der (damaligen) Moderne entstanden und ihre Intention ist eher als die Actons innovativ und zeitgemäß.

Quirinius: der Spion auf dem Konzil

Mit den sogenannten *Römischen Briefen* des „Quirinius" wurde die Agitation in Deutschland noch einmal gesteigert. Die Briefe, die Döllinger vom 17. Dezember an wiederum für die *Augsburger Allgemeine Zeitung* verfaßte, basierten auf den Informationen, die Lord Acton als „Konzilsbeobachter" übermittelte. In den Briefen wurde eine Art Konzilschronik erstellt, die durch eine massiv tendenziöse Darstellung der Teilnehmer und der Ereignisse bereits vorab Entscheidungen, die getroffen werden könnten, diskreditierte. Bezüglich des Papstdogmas stand für Acton und Döllinger eine maximalistische Definition, die den Papst als unabhängige, der Kirche gegenüberstehende Größe sieht, bereits fest.

Eine solche Vorgehensweise zeugt weder von journalistischer Ehrlichkeit noch von Sachkompetenz geschweige denn von Liebe zur Kirche. Welchen Einfluß die Artikelserie nehmen sollte, wird an der in kürzester Zeit stark anwachsenden Abonnentenzahl des kleinen Provinzblättchens deutlich. Innerhalb weniger Wochen kamen 10 000 neue Leser hinzu. Den Konzilsteilnehmern war striktes Stillschweigen auferlegt worden. Damit galten die Quirinius-Briefe in der ersten Phase des Konzils als die einzigen ausführlichen Berichte darüber, was in Rom vor sich ging.

Lord Acton stand mit einer Vielzahl der französischen und deutschen Bischöfe der Minorität in einem engen Kontakt. Sein Ziel war die Stärkung der Minoritätsposition. Dabei scheute er kein Mittel, bis in die Politik hinein. Liberale, antikirchliche und antikatholische Kreise wurden von Acton und Döllinger ebenso wie die antirömische Intelligenz Frankreichs und Deutschlands als Speerspitze gegen Rom benutzt.

Die Minoritätsbischöfe selbst reagierten unterschiedlich auf den journalistischen Alleingang Döllingers und Actons. Viele sahen sich kompromittiert durch das forsche Agieren der beiden rigorosen Unfehlbarkeitsgegner. Dem Radikalismus eines Döllinger oder Acton sahen sich nur wenige verpflichtet.

Die Lobby der „Infallibilisten“: Manning, Senestrey

Bereits vor der offiziellen Ankündigung des Konzils konnten innerhalb der nationalen Gruppen des Episkopats unterschiedliche Richtungen festgestellt werden. Auch wenn unter den Befürwortern der Unfehlbarkeit immer noch Vorbehalte gegen einen übertriebenen Zentralismus Roms und der Kurie

existierten, so sahen sie in der Definition der Infallibilität die logische Konsequenz eines durch die Jahrhunderte hindurch stets anerkannten und geglaubten Bestandteils der kirchlichen Lehre – nämlich des römischen Primats –, im Verzicht auf die Stärkung der Sonderstellung des Papstes jedoch eine gefährliche Offenheit für staatskirchliche Ansprüche, wie sie der Absolutismus eines Napoleon oder eines Joseph II. schon einmal gezeigt hatten.
Neben den eher politischen Motiven zählte auch die Gestalt eines Papstes wie Pius IX., verkörperte gerade er im 19. Jahrhundert eine neue Form des päpstlichen Habitus. Freundlich, im Umgang mit Menschen gewandt, emotional erreichbar (von Zornesausbrüchen bis zu öffentlicher Rührung), technisch und archäologisch interessiert, galt er bei hohen Würdenträgern und den „einfachen Gläubigen“ als Sinnbild einer neuen Zeit. Nicht mehr in die Ferne gerückt, unnahbar, sondern am Sonntag auf einem Spaziergang in Rom anzutreffen und aktiv im politischen Geschehen stehend. Er war zu beliebt, als daß man ihm öffentlich in der Konzilsversammlung den theologisch legitimen Anspruch auf seine Autorität absprechen könnte. Eine Form echter und unhinterfragbarer Autorität sollte den pseudodemokratischen Bestrebungen Kontra bieten. Die meisten Konzilsväter anerkannten die Notwendigkeit, sich gegen die aufweichenden Kräfte, die jede hierarchische Ordnung vernichten wollten, aufzulehnen.
Erzbischof Henry Edward Manning, der Bischof von Westminster, und der Regensburger Bischof Ignaz von Senestrey übernahmen die Führung der Fraktion der Majorität. Sie befürworteten uneingeschränkt die Definition der päpstlichen Unfehlbarkeit. Dabei gab es natürlich unterschiedliche Vorstellungen. Senestrey, ein ehemaliger Germaniker, bat mehrmals den Papst, er möge das Thema allen anderen vorziehen. Senestrey argumentierte, die Dringlichkeit sei durch die momentane Situation in Europa gegeben. Wahrscheinlich sah der Papst das ähnlich. Aber gerade in dieser Frage hatte er es sich auferlegt, bis auf weiteres Zurückhaltung zu pflegen und das Konzil zu moderieren, nicht zu dominieren.

Pius IX. - zwischen den Fronten

So einhellig wie es nach den letzten Ausführungen den Anschein nimmt, stellte sich die Situation während des Konzils nicht dar. Pius IX. sah sich in den Beratungen und Konzilssitzungen mit stark zwar einander entgegenstehenden, aber beide Male *politisch* motivierten Meinungen konfrontiert. Er war bemüht, seine Autorität nicht zu stark in die Auseinandersetzungen einzubringen. Eine Minderheit von ca. 20 Prozent der Konzilsväter (ca. 140) stand einer breiten Mehrheit von ca. 560 Konzilsvätern gegenüber. Beide Parteien kamen uneingeschränkt zu Wort und konnten ihre Vorstellungen darlegen. Pius zeichnete sich durch Aufmerksamkeit gegenüber beiden Richtungen aus. Er begrüßte mit Sympathie und Wohlwollen die Argumente der Befürworter der Unfehlbarkeit ebenso, wie er den Gegnern der Minorität mit Verständnis und Toleranz begegnete. Dem Konzil billigte er eine Eigendynamik zu. Er vermied es deshalb, sich durch einzelne Gruppen zur Entscheidung drängen zu lassen. Es gibt auch – nach Klaus Schatz – keine Auskunft darüber, ob Pius selbst während der Dispute auf dem Konzil diese Zurückhaltung aufgegeben und aktiv die Definition betrieben habe. Von einem durch Pius manipulierten Konzil, wie dies etwa August Bernhard Hasler suggeriert, kann keinesfalls die Rede sein.

Mehr als ein Vertreter der Minorität sah sich veranlaßt, „seinen Kollegen davon zu berichten, mit welcher Liebenswürdigkeit ihm der Papst bei Audienzen begegnet sei" (Aubert, S. 292, vgl. Randnote S. 89).

Zu Hasler siehe die Einschätzung S. 154 f.

Manning und Senestrey hatten bereits am 28. Juni 1867 am Grab des hl. Petrus das Gelübde abgelegt, alles zu tun, damit die Infallibilität des Papstes definiert werde. Ein eindrucksvoller Text des Brixener Bischofs Vincenz Gasser formuliert die Intention der Majorität: „Es läßt sich nicht leugnen, daß es mit der menschlichen Gesellschaft bereits so weit gekommen ist, daß die letzten Fundamente menschlicher Gemeinschaftsordnung ins Wanken gekommen sind. Für diesen miserablen Zustand der menschlichen Gesellschaft gibt es kein anderes Heilmittel als durch die Kirche Gottes, in welcher eine von Gott gestiftete und unfehlbare Autorität existiert, sowohl im ganzen

Leib der lehrenden Kirche, wie auch in ihrem Haupt. Damit aller Augen auf diesen Felsen Petri gerichtet seien, den die Pforten der Hölle nicht überwinden werden können, dazu glaube ich, hat es Gott so gewollt, daß in diesen Tagen die Lehre von der Unfehlbarkeit des Papstes dem vatikanischen Konzil vorgelegt worden ist" (zitiert nach: Schatz, Primat, S. 191). Die Extremposition der Majorität läßt sich an einer Äußerung Abt Prosper Guérangers ablesen: „Der Papst empfängt nichts von der Kirche, so wie Petrus nichts von den Aposteln empfing. Der Papst nimmt den Platz Jesu Christi ein, wie die Bischöfe den der Apostel."

Die Minoritätsseite vereinte ein „buntes" Spektrum. Insgesamt neigten ihre Eingaben dazu, dem Ansehen des Papstes nicht zu schaden, ihn aber „an die Kette zu legen". Bischof Wilhelm Emmanuel von Ketteler in einer Konzilsansprache: „Alle Menschen guten Willens wünschen, daß wir die Autorität verteidigen und voll herausstellen. Aber die Welt ist auch von einer anderen allgemeinen Überzeugung bestimmt, nämlich dem Abscheu vor jeder Form des Absolutismus, aus welchem so viele Übel für die Menschheit entsprungen sind: denn der Absolutismus korrumpiert und erniedrigt den Menschen. Verkünden Sie also, ehrwürdige Väter, verkünden Sie der ganzen Welt, daß die Autorität der Kirche Fundament jeder Autorität ist! Aber zeigen Sie zugleich, daß es in der Kirche keine willkürliche, gesetzlose und absolutistische Gewalt gibt."

Extrempositionen wurden von Mitgliedern beider Gruppierungen vertreten, bildeten aber keinesfalls die Regel in den Konzilsdebatten. Keine der gegnerischen Vorstellungen trifft im letzten den Kern der später definierten Unfehlbarkeit. In beiden Fällen aber scheint der Hauptgrund für die jeweilige Position aus dem politischen Bereich genommen: Für die Unfehlbarkeit sprach jene Garantie und Sicherheit in gesellschaftlichen Umbrüchen, die mit dem absoluten päpstlichen Anspruch gegeben ist. Auf der anderen Seite sah man in der Forderung nach absoluter Autorität eine Gefahr für die Freiheit des Menschen und eine Konkurrenz für die eigentliche Autorität in der Kirche: Jesus Christus.

Geht es bei den Vertretern der Majorität um die Konzentration aller kirchlichen Gesetzgebung und Lehrvollmacht in der Person des Papstes, um eine nahezu uneingeschränkte Steigerung der päpstlich-primatialen Macht, die den Bischöfen eine untergeordnete Rolle zukommen läßt, so steht im Mittelpunkt der Minorität die deutliche Eingrenzung der päpstlichen Autorität. Diese könne nur in Übereinstimmung mit Bischöfen ausgeübt werden und sei demnach aus beiden Elementen zusammengesetzt. Eine solche Vorstellung entspricht den *gallikanischen* Anschauungen einer päpstlich und bischöflich zugleich geleiteten Kirche. Das Konzil gab keiner Fraktion recht. Die Definition der Unfehlbarkeit wurde ein theologisch eigenständiges und ausgewogenes Dogma.

Gallikanismus: frz. Form des Bestrebens nach Eigenständigkeit u. Lösung der Kirche von Rom.

„Die Tradition bin ich"

Vermittlungsversuche wurden ständig unternommen. Von einem durchgängigen Klima der gegenseitigen Mißachtung, das manche gerne in die Auseinandersetzung hineininterpretieren, kann bei aller Erregung und Polemik nicht die Rede sein. Es trafen zwei unterschiedliche Konzeptionen aufeinander, die im Letzen gar nicht so weit auseinander lagen.

Eine gewisse Mittelposition nimmt der Dominikanerkardinal Filippo Maria Guidi, Erzbischof von Bologna, ein. Seiner Ansicht nach hängt der Papst zwar nicht auf der Ebene der Autorität von den Bischöfen ab, jedoch auf der Ebene des Zeugnisses und des Bekenntnisses. Die Ortsbischöfe würden dem Papst Auskunft geben über die in den Einzelkirchen bestehenden Traditionen. Die Definition der Unfehlbarkeit möchte Guidi eingeschränkt wissen. Der Papst handle nicht unabhängig von der Kirche; er stehe nicht außerhalb oder über der Kirche und er solle sich auf den Rat der Ortsbischöfe verlassen. Guidis denkwürdige Rede wollte die unfehlbaren Lehrentscheidungen nur in der klaren Rück-

Guidi entstammte der salamantiner Dominikanerschule, deren Existenz ein weiteres Zeugnis gg. den theol. Nationalismus Döllingers darstellt. Zu dieser Ulrich Horst, *Die Lehrautorität des Papstes und die Dominikanertheologen der Schule von Salamanca*, 2003.

bindung an die Tradition sehen. Eine derartige Positionierung des Papstes in das Kollegium der Bischöfe, in gewisser Weise unter Verlust seiner herausgehobenen Stellung als Pontifex, erregte offensichtlich Pius derart, daß er – für spontane und emotionale Reaktionen bekannt – auf die Fülle seiner Autorität als Nachfolger des Petrus bestand. Dabei soll er gesagt haben: „Die Tradition bin ich". Die Fronten kamen in Bewegung. Guidi, ein Vertreter der Majorität, hatte mit seiner Ansprache einen Vorschlag gemacht, der die Fronten verwirrte. Manning sagte zu seinem Nachbarn: „Der Kardinal ist ein Wirrkopf." Und die Minorität „brach in Jubel aus" (Aubert, S. 263). Taktisch interessant: Ohne die Unfehlbarkeit des Papstes zu leugnen, hatte Guidi deren Gegner gleichsam durch die Stärkung der Bischöfe, die sie ja selbst waren, in der Debatte gezähmt, indem er sie in der Definition als Zeugen der Tradition dem Papst zur Seite gestellt hatte. Pius hingegen verstand diesen Kompromiß als eine Beschneidung des Papstamtes, das er als selbständiges Zeugen- und Verkündigungsamt verstand. Theologisch betrachtet entspricht dies auch seinem Amt. Als Papst ist er das personale Prinzip der Einheit der Kirche und der verbindliche Zeuge des Glaubens, der ihm durch die Tradition überliefert und übergeben ist.

Kurztitel Aubert siehe Randnote S. 89.

Was die Reaktion des amtierenden Papstes betrifft, darf man aber gerade bei Pius IX., der sich emotional nicht immer unter Kontrolle hatte, einen solchen Spruch nicht quasi für sich selbst dogmatisieren. Ihm ging es um die rasche (die Situation in Deutschland und Frankreich spitzte sich allmählich zu und die piemontesischen Truppen lagerten vor Rom) und eindeutige Definition der päpstlichen Autorität. Einige Historiker sehen in dieser Äußerung Pius' IX. gleich eine der „beschämendsten Seiten" seines Pontifikats. Diese maßlos übertriebene Beurteilung des Ausspruches verkennt jedoch einige wichtige Faktoren. Erstens ist der genaue Ablauf des Gesprächs zwischen Guidi und dem Papst nicht rekonstruierbar. Zweitens kann der Satz als eine Interpretation des patristischen Zeugnisses gelten: „Mit dieser Kirche (Roms) muß aufgrund ihrer hervorragenden Abstammung notwendigerweise

Irenäus von Lyon, *Adversus haereses,* III, 3, 2.

jede andere Kirche übereinstimmen, d. h. die Gläubigen mit ihr, in der für alle Menschen immer die Überlieferung, die von den Aposteln kommt, aufbewahrt worden ist." Drittens wird die Begegnung der „Kontrahenten" überzeichnet. Pius ernannte Guidi, der sein Amt in Bologna aus staatlichen Gründen nicht hatte antreten können, wenig später zum Bischof von Frascati, was zwar häufig als Verschlechterung gegenüber Bologna gewertet wird, aber ihn „näher" an den Papst heranführte, da Frascati ein *suburbikarisches* Bistum ist, also zur Kirchenprovinz Rom gehört und traditionell mit Kardinalbischöfen, dem höchsten Kardinalsrang, besetzt wird. Pius war also nicht nachtragend. Seine eigene Gesundheit litt unter solchen Auseinandersetzungen. Seine Sensibilität und die Folgen seiner Krankheit aus den Jugendjahren hatten ihn mit einem schwachen Nervenkostüm ausgestattet. Deshalb braucht man nun nicht gleich wieder den Spieß herumzudrehen – nach dem Motto: „Entweder ist das wörtlich zu nehmen und ungeheuerlich oder entschuldbar und der Papst unzurechnungsfähig …". Der Führungsstil Pius' IX. war im Gegenteil ausgewogen und wohlüberlegt, ausgerichtet auf Harmonie und Seelsorge, bei allem Kampf und allem Stehvermögen.
Die hier nur skizzierten Richtungskämpfe und Kontroversen mündeten jedenfalls letztlich in einen Konzilstext, der alle im Vorfeld angeschnittenen Vorstellungen zugunsten einer genuin theologischen Fundierung hinter sich ließ.

Die Vision des Don Bosco

Aber kein Ereignis der Konzilsverhandlungen kann als Wendepunkt in der zögernden Haltung Pius IX. angesehen werden. Stets verwies er auf die Freiheit des Konzils. Der äußere Druck, nicht zuletzt die ihm durchaus bekannte Veröffentlichung der Quirinius-Briefe sowie der wachsende Druck aus den Reihen der Majorität, aber auch die sich immer stärker formierenden Tendenzen der Ablehnung seitens der Minorität bestärkten ihn, das Gewicht seiner Autorität und Persönlichkeit schließlich in die Waagschale zu werfen. Er sah sich irgendwann gegenüber beiden Seiten zum Handeln verpflichtet.

Hl. Don Bosco (1815–1888): Seine Berufung begann mit einem Traum, den er mit 9 Jahren über seine Zukunft hatte: Arbeit mit Jugendlichen. In Turin setzte ihn der Priester dann um, hatte zeitweise 500 Jugendliche um sich; gründete die *Gesellschaft des hl. Franz von Sales (Salesianer Don Boscos)*. Von 1848 an durch Überfälle u. Mordanschläge von „Revolutionären" bedroht.

Allerdings: Pius IX., der sich besonders als Hirte seiner Kirche in stürmischer Zeit verstand und seine persönliche Frömmigkeit in lebendigem Bezug zur Transzendenz sah, fand in einer Vision des hl. Don Bosco eine zusätzliche Bestätigung seiner prinzipiellen Entscheidung. Das Engagement Don Boscos für die Jugend in Italien hatte Pius IX. so sehr fasziniert, daß er immer wieder den Kontakt mit ihm suchte. Er fand in ihm und seinem Lebenswerk wohl die pastoralen Ziele wieder, denen er sich selbst am Anfang seines priesterlichen Weges verschrieben hatte. Das Waisenhaus Tata Giovanni, begleitete den Papst sein Leben lang. In der Gestalt des Don Bosco zog er vielleicht die Parallele zu seinem eigenen Wirken. In einer Audienz am 12. Februar 1869 teilte er Pius IX. seine Vision mit. Der Biograph des Heiligen, Lemoyne, berichtet, der Papst habe ihn gefragt, ob er ihm etwas über die Kirche und das Konzil mitteilen könne. Und Don Bosco, der seine Vision auch schriftlich fixiert hatte, erläuterte ihm sein Gesicht: „Jetzt ergeht die Stimme des Himmels zum Hirten der Hirten: Du bist in der großen Versammlung mit deinen Beisitzern, aber der Feind des Guten ruht keinen Augenblick; er studiert und praktiziert alle Kunstgriffe gegen dich. Er wird Zwietracht zwischen deinen Beisitzern säen; er wird Feinde unter meinen Söhnen hervorrufen. Die Gewalten der Welt werden Feuer speien und möchten, daß den Wächtern meines Gesetzes das Wort in der Kehle erstickt. Dies wird nicht geschehen. Sie tun übel, übel für sich selbst. Du, mach schnell: wenn die Schwierigkeiten sich nicht lösen, gehe man über sie hinweg. Wenn du in Bedrängnis bist, halte nicht an, sondern fahre fort, bis das Haupt der Hydra des Irrtums abgeschlagen ist. Vor diesem Schlag werden Erde und Hölle erzittern, aber die Welt wird in Sicherheit sein und alle Guten werden jubeln. Sammle also um dich auch nur zwei Beisitzer, aber wo immer du hingehst, führe fort und vollende das Werk, das dir anvertraut wurde. Die Tage gehen schnell vorbei, deine Jahre auf ihre festgesetzte Zahl zu: aber die große Königin wird immer deine Hilfe sein, und, wie in den vergangenen Zeiten, so wird sie auch in der Zukunft immer *magnum et singulare in Ecclesia praesidium* sein".

Der Inhalt dieser Vision benennt nicht ausdrücklich bestimmte Zeitumstände oder historische Entscheidungen. Aber Don Bosco hatte dem Papst gegenüber seine visionären Eindrücke in Form einer Botschaft wiedergegeben, als dieser ihn um ein Wort zu Kirche und Konzil gegeben hatte. Pius IX. war für Mystik empfänglich. In dem, was Don Bosco sagte, erkannte er seine Situation wieder, in der jeder versuchte, ihn in punkto Unfehlbarkeit auf seine Seite zu ziehen und zu seinen Gunsten das weitere Vorgehen zu bestimmen. Wie sollte er sich da verhalten?

Man muß wohl Abschied nehmen vom Bild eines eiskalten Taktierers, der mit allen Mitteln „seine" Unfehlbarkeit durchdrücken wollte. Sein Zögern und sein Schwanken in der Frage liegt in seiner Verantwortung für die Kirche begründet. Stets war er getragen von dem Wunsch, das Beste für die Kirche und für das Seelenheil des Einzelnen zu erreichen. Die Bestätigung durch Don Bosco auf indirektem Wege und die Unterstützung durch die Gottesmutter, die Pius durch die Vision erhielt, ließen ihn schließlich mit Nachdruck den Weg der Dogmatisierung beschreiten.

Der Kontakt mit der Minorität

Prinzipiell schienen die beiden Parteien unversöhnlich. Und obwohl Pius IX. stets bemüht war, den Kontakt zu den Infallibilitätsgegnern aufrecht zu erhalten, kam es auch zu unschönen Szenen. Mit der Ansprache vom 9. Januar 1869 eröffnete er die offizielle Auseinandersetzung mit der Minorität. Formulierungen wie „die angeblichen Weisen", die verhindern möchten, daß sich die Kirche öffentlich gegen die Angriffe der

Irrtümer der Zeit zur Wehr setzt, oder sein Vergleich der Minorität mit Pontius Pilatus (Ansprache vom 24. März) sind Ausdruck einer verschärften päpstlichen Haltung wider die Gegner der Unfehlbarkeit. Wer nach Ursache und Wirkung des Tones fragt, der wird bei ehrlicher Betrachtungsweise der wechselseitigen Kampagnen keine Antwort erhalten. Der Druck der Gegner der Unfehlbarkeit und vor allem ihre Methoden dürften zur Verschlechterung des Klimas ebenso beigetragen haben wie die markigen Töne der Befürworter.
Die dadurch entstanden Steigerung der Polarisierung trug nicht zu einer Verständigung unter den Parteien bei. Pius sah sich wohl eher bestätigt in seiner Art, die Dinge zu betrachten. Er kämpfte den eigentlich wahren Kampf zum Wohl der Kirche. Fernab jeder Reduzierung der Kirche auf eine Institution, die demographisch und rein soziologisch greifbar wäre, erblickte er in der Kirche auf Erden die gute Kraft, die von Gott eingesetzte Herde, die für das individuelle Heil unentbehrlich ist. Die Frage persönlicher Heiligkeit und Erlösungsbedürftigkeit stand für ihn immer im Vordergrund.
Jenseits der zunehmenden Verhärtung gab es immer wieder Szenen menschlicher Annäherung. Immer wieder kam es, gerade in Phasen der erbittertsten Kontroversen, zu Gesprächen in herzlicher Atmosphäre zwischen dem Papst und den Minoritätsbischöfen. Mit Charme und Humor versuchte er den persönlichen Kontakt auf der Ebene der Mit-Brüderlichkeit zu halten.
Aber er ließ nie Zweifel an seiner positiven Einstellung zur Dogmatisierung aufkommen. So ist eine Äußerung aus dem Jahr 1869 überliefert, die in einem Gespräch mit Pater Piccirillo, dem einflußreichen Chefredakteur der *Civiltà Cattolica*, der während des ganzen Konzils fast uneingeschränkten Zugang zu Pius IX. hatte, gefallen ist: „Ich bin so entschlossen, vorwärts zu gehen, daß ich, wenn ich wüßte, daß das Konzil das Schweigen will, es auflösen und alleine die Definition machen würde."
Bringt man alle Fakten zu einer Gesamtschau, so läßt sich bei Pius IX. von Anfang an eine klare Haltung zugunsten der Dogmatisierung feststellen. Sie ist aber nicht getragen vom Verstie-

genheit, Machtgelüsten oder Überheblichkeit, sondern von einem ernsten Ringen um eine richtige Entscheidung zum Wohl der Kirche in Zeiten der offenen Aggression von außen und des fundamentalen Zweifels in der Theologie. Echte Sorge um die Kirche und um das Wohl der Gläubigen erlaubt es aber nicht, in einer so gravierenden Frage Zögern und Zaudern auszuschließen. Gerade das Bewußtsein, höchste Autorität innerhalb der Kirche zu sein, verwehrt flotte Alleingänge. Es entspricht von daher der persönlichen Frömmigkeit dieses Papstes, daß er die letztgültige Sicherheit seiner eigenen Position erst in der Vision des Don Bosco fand, ohne diese für die Handlungsweise Pius' IX. allein verantwortlich machen zu wollen. Die Unfehlbarkeitsdefinition ist von Pius IX. nicht zum Politikum degradiert worden wie von vielen Vertretern beider Positionen, der Minorität und der Majorität, sondern aus dem Blickwinkel der Theologie und der Ekklesiologie als „notwendig für das Wohl der Kirche", wie der Jesuitenpater Piccirillo am 15. Dezember 1869 sagte.

Das Ende im Sturm

Am 18. Juli 1870 war es soweit. Mehrheit und Minderheit, Befürworter und Gegner trafen sich zu einer Schlußabstimmung, deren Dramatik kaum zu überbieten ist: Bereits am Vortag waren die Minoritätsbischöfe abgereist, um nicht sehenden Auges in eine Abstimmung zu gehen, die sie nicht gewinnen konnten, und die die überwältigende Mehrheit nur zu dem Preis für sich entscheiden konnte, die weitestmögliche Einstimmigkeit – altehrwürdige Konzilstradition – zu opfern. Dieser *moralische Konsens* erschien selbst der Minorität wichtiger als ihre Ablehnung des Dogmas! Und während vor den Toren Roms das Donnern der garibaldischen Kanonen zu hören war, und sich nördlich der Alpen die Erbfeinde Deutschland und Frankreich in den Schützengräben gegenüberlagen, sollte nach langen Monaten des unsicheren Taktierens das Konzil mit einem glorreichen Abschluß enden.

Der endgültige Text der Konstitution *Pastor aeternus* wurde von 535 Konzilsvätern mit *placet* und von zweien mit *non placet* verabschiedet. Um 9 Uhr hatten die Feierlichkeiten mit einer heiligen Messe in St. Peter begonnen. Neben den Minoritätsbischöfen fehlte fast das ganze diplomatische Corps der damaligen Großmächte. Ihre Abwesenheit war das Ergebnis einer irreführenden Informationspolitik der Unterstützer der Minorität, jener politisierenden Meinungsmache, die darauf hinauslief, daß nach Definition der päpstlichen Unfehlbarkeit ein Katholik nicht mehr loyaler Staatsbürger sein könne.
Mit dem eigentlichen Abstimmungsverfahren, das namentlich ausgeführt wurde, zog ein Unwetter und ein Sturm auf, die die Abgabe der zustimmenden Voten immer wieder mit leuchtenden Blitzen und lautem Gedonner unterbrachen. Als Pius IX. die angenommene Konstitution feierlich verlas, herrschte eine dunkle und düstere Atmosphäre in der Konzilsaula. Die Deutungen dieser Wetterkulisse gingen ebenso weit auseinander wie die Unterschiede in der Beurteilung des Dogmas. Für die einen war es das Zürnen gegen die päpstlichen Ansprüche, für die anderen der Zorn gegen die das Konzil und die Unfehlbarkeit bekämpfende Richtung, weil sie sich gegen Rom und den Papst ausgesprochen und die Kirche in die gefährliche Nähe einer schismatischen Teilung geführt hatten. Vergleiche mit den Zehn Geboten, die am Sinai buchstäblich unter Blitz und Donner verkündet wurden, machten in der Aula die Runde.
Das US-Magazin *The Times* berichtete über die Schlußabstimmung in dramatischen Worten: „Das Gewitter hatte seinen Höhepunkt erreicht, als das Ergebnis der Abstimmung dem Papste überreicht wurde. Die Finsternis war so groß, daß ein starkes Licht gebracht wurde und neben ihn gestellt werden mußte, während er die Worte verlas: Nosque, sacro approbante Concilio, illa, ut lecta sunt, definimus et apostolica auctoritate confirmamus. Wiederum zuckten Blitze um den Saal, und der Donner grollte. Es folgten das Te Deum und der Segen; die ganze Versammlung fiel auf die Knie, und der Papst segnete sie mit seiner hellen, volltönenden, unter Tausenden erkennbaren Stimme“. Die beiden Bischöfe, die mit *non placet* ge-

stimmt haben, erteilten noch im gleichen Augenblick ihre Zustimmung, wie die bereits abgereisten Minoritätsbischöfe ihr Einverständnis im Laufe der nächsten Monate nachreichten. Das Dogma war vollendet.

Bei nüchterner Betrachtung und unter Auslassung aller gegenseitig an den Tag gelegten Animositäten begnügen wir uns ca. 130 Jahre später mit dem Hinweis auf klimatische Gegebenheiten in der Schwüle eines heißen Julitages in Rom.

Pastor aeternus: das Dogma

Das Konzil behandelt die Themenkreise Primat und Unfehlbarkeit im Kontext der Lehre von der Kirche, der *Ekklesiologie*. Die dogmatische Konstitution *Pastor aeternus* behandelt keine rein äußerlich verstandene Frage der Kirchenverfassung, sondern eine theologische: die Stellung des Papstes in der Kirche. Ebensowenig wie das Priesteramt oder der Episkopat nach rein soziologischen Gesichtspunkten begriffen werden können, sind Primat und Infallibilität mit den Kategorien eines Staatengebildes oder Vereins zu erklären. Das Erste Vatikanum hat die bisherigen Entwicklungen der Primatslehre gebündelt und in feierlicher Form verkündet.
Pastor aeternus umfaßt vier Kapitel: Die Einsetzung des apostolischen Primats Petri durch Christus, die Fortdauer des Primats in der Kirche, Natur und Wesen des Primats *(Jurisdiktionsprimat)* und die Unfehlbarkeit in der Lehre des Bischofs von Rom.
Was ist mit dem *Jurisdiktionsprimat* gemeint? Das 3. Kapitel der Konstitution legt fest, daß die „Römische Kirche auf Anordnung des Herrn den Vorrang der ordentlichen Vollmacht über alle anderen innehat, und daß diese Jurisdiktionsvollmacht des Römischen Bischofs ... unmittelbar ist: Ihr gegenüber sind die Hirten und Gläubigen jeglichen Ritus und Ranges ... zu hierarchischer Unterordnung und wahrem Gehorsam verpflichtet, nicht nur in Angelegenheiten, die den Glauben und die Sitte, sondern auch in solchen, die die Disziplin und Leitung der auf dem ganzen Erdkreis verbreiteten Kirche betreffen". Anders ausgedrückt: Der Bischof von Rom besitzt die volle und höchste *Jurisdiktion* in allen Fragen der kirchlichen Lehre und Disziplin, wobei der Blick auf die Wahrung der Einheit der Gemeinschaft der Kirche geht. Der Papst kann also jederzeit unmittelbar seine ordentliche Vollmacht gegenüber den Gläubigen und Bischöfen ausüben. Es gehört aber auch zur katholischen Lehre, daß die Ortsbischöfe ihre *Jurisdiktionsvollmacht* aus dem Empfang der sakramentalen

Weihe erhalten und sie in Einheit mit dem Papst und dem Kollegium der Bischöfe ausüben. Mit dieser Ergänzung und dem eindeutigen Hinweis auf die unangetastete Jurisdiktionsvollmacht der Bischöfe wehrt das Konzil jedem Absolutismus. Der nämlich würde bedeuten, daß es unterhalb der Zentralgewalt keine andere Instanz gibt, die selbst eine Gewalt eigenen Rechts ist. Der päpstliche Jurisdiktionsprimat hebt also nicht die rechtliche Eigenständigkeit der Bischöfe auf, sondern bündelt ihre Jurisdiktion in einem auf die Einheit der Kirche abzielenden Prinzip. Das Konzil läßt dabei die Fragen nach der konkreten Umsetzung und der gegenseitigen Inanspruchnahme offen. Es muß auch zugegeben werden, daß ein Hauch Absolutismus durch die nicht hinterfragbare jurisdiktionelle Vollmacht des Papstes gegeben ist, denn die bischöfliche Jurisdiktion kann die päpstliche nicht begrenzen. Insofern ist *Pastor aeternus* für die sich anschließende Rezeption noch mit einigen Fragezeichen versehen.

Weltweiter Rückhalt

Zu einer umfassenden Beurteilung des Jurisdiktionsprimates kann wiederum nur der Blick über den Bereich der Kurie hinaus führen. Fast alle Ortskirchen waren mit laizistisch-kulturkämpferischen Bewegungen konfrontiert, wodurch gerade ein von staatlicher und politischer Agitation unabhängiger Papst als einziger sicherer Halt für den bedrohten Katholizismus in Europa erscheinen mußte. So war die natürliche Vorgehensweise bestimmt von den jeweiligen nationalen Notsituationen. Werden der kirchlichen, übernationalen „Zentralinstanz" Befugnisse zugesprochen, ist dies ein nachvollziehbarer und vernünftiger Weg, sich für die konkrete Bedrohung durch kirchenfeindliche Kräfte zu wappnen. Entscheidungen, die durch die national erforderliche „political correctness" die kirchlich erforderliche Eindeutigkeit vermissen ließen, konnten auf diese Weise mit dem Hinweis auf die universale Kompetenz des Papstes in Rom schneller und effektiver, vor allem aber uneingeschränkt und unabhängig getroffen werden. Man mache sich nichts vor: Bis heute bittet so mancher Bischof hinter vorgehaltener Hand den Papst um jenes „Machtwort", das er selbst nicht zu sprechen vermag, gelegentlich sogar, um es nach seiner Veröffentlichung „betroffen" zur Kenntnis zu nehmen.

Die Behandlung des Themas der päpstlichen Jurisdiktionsvollmacht auf dem Ersten Vatikanischen Konzil wurde von vielen nicht nur begrüßt, sondern vehement gefordert. Man erhoffte sich durch die Definition des Jurisdiktionsprimats, der ja stets Gut des Glaubens gewesen ist, aber hier nur seine dogmatisch-definitive Fixierung erhalten sollte, auch Vorteile für eine effizientere Seelsorge zu gewinnen. Die Kompetenzverschiebung weiter Entscheidungsfelder nach Rom entlastete den Bischof vor Ort. Er bot den jeweiligen, meist nationalstaatlich und aufklärerischen Systemen und Denkwelten nicht mehr die konkrete Angriffsfläche. Das Dogma geht also nicht auf die Engstirnigkeit und Machtbesessenheit Pius' IX. zurück, sondern entspricht einer sich durch fast alle Teile der kirchlichen *Communio* erstreckenden Grundhaltung, dem Papst in den Zeiten härtester Konflikte auf allen Gebieten im Schiedsbereich der Kirche absolute Entscheidungskompetenz zuzuschreiben, um die katholische Position gegenüber einer feindlichen Welt zu bewahren.

Die Unfehlbarkeit des päpstlichen Lehramtes

Im Gegensatz zur Definition des Jurisdiktionsprimats, der sich auf die uneingeschränkte päpstliche Regierungsgewalt bezieht, hebt die Definition der päpstlichen Unfehlbarkeit ab auf die mit dem Hirtenamt des Papstes verbundene uneingeschränkte höchste *Lehrautorität* in Glaubens- und Sittenfragen.

Schwierigkeiten mit dem Unfehlbarkeitsdogma ergeben sich oftmals allein schon dadurch, daß der Text und der Inhalt nicht bekannt sind. Die zentrale Stelle im 4. Kapitel von *Pastor aeternus,* die wegen ihrer Brisanz vollständig zitiert werden soll, lautet:

„Indem wir uns deshalb der vom Anfang des christlichen Glaubens an empfangenen Überlieferung getreu anschließen, lehren Wir mit Zustimmung des heiligen Konzils zur Ehre Gottes, unseres Erlösers, zur Erhöhung der katholischen Religion und zum Heile der christlichen Völker und entscheiden, daß es ein von Gott geoffenbartes Dogma ist: Wenn der Römische Bischof *ex cathedra* spricht, das heißt, wenn er in Ausübung seines Amtes als Hirte und Lehrer aller Christen kraft seiner höchsten Apostolischen Autorität entscheidet, daß eine Glaubens- und Sittenlehre von der gesamten Kirche festzuhalten ist, dann besitzt er mittels des ihm im seligen Petrus verheißenen göttlichen Beistands jene Unfehlbarkeit, mit der der göttliche Erlöser seine Kirche bei der Definition der Glaubens- oder Sittenlehre ausgestattet sehen wollte; und daher sind solche Definitionen des Römischen Bischofs aus sich *(ex sese)*, nicht aber aufgrund der Zustimmung der Kirche unabänderlich" (DH 3073–3074).

Eine Formsache

Eine derartig eindeutige Erklärung erweckte schon bei manchem Leser den Eindruck, der Papst beanspruche für sich eine universale, jeder Infragestellung entzogene Irrtumslosigkeit. Aber der zweite Blick verrät eine deutliche Beschränkung: Verlautbarungen des Papstes werden nur dann Unfehlbarkeit zuerkannt, wenn er *ex cathedra* spricht, also wenn er „als Lehrer und Hirte aller Christen" und „in höchster apostolischer Gewalt" seines Amtes endgültig entscheidet, eine Lehre über den Glauben oder die Sitten sei von der ganzen Kirche unverkürzt anzunehmen.

Der Papst kann also nur innerhalb der Kirche, d. h. nie außerhalb der Beziehung zur Gesamtkirche, der er verpflichtet ist, das Charisma der Unfehlbarkeit für sich beanspruchen. Bei der Unfehlbarkeit geht es also genaugenommen um eine *Form:* Der Papst bringt vorhandenes, durchgängiges Glaubensgut in eine verbindliche Form (die Definition des Dogmas). Dies macht er durch einen formellen Akt deutlich *(ex cathedra).* Nicht nötig ist die formelle Zustimmung etwa eines Konzils oder aller Bischöfe.

Inhaltlich gebunden

Neben den eher formalen Kriterien der Unfehlbarkeitslehre tritt auch eine inhaltliche Beschränkung. Ebenfalls im 4. Kapitel heißt es: „Den Nachfolgern des Petrus wurde der Heilige Geist nämlich nicht verheißen, damit sie durch seine Offenbarung eine neue Lehre ans Licht brächten, sondern damit sie mit seinem Beistand die durch die Apostel überlieferte Offenbarung bzw. die Hinterlassenschaft des Glaubens heilig bewahrten und getreu auslegten" (DH 3070). *Bewahren* und *auslegen* sind die Begriffe, die für die Verantwortung des Unfehlbarkeitsdogmas stehen. Infallibilität bedeutet also nicht, daß der Papst in seinen Ex-cathedra-Entscheidungen gegen das einmütige Zeugnis des Lehramtes, wie es etwa in der Geschichte der Kirche gewachsen ist, den Glauben gewissermaßen privat neu bestimmen kann.
Es geht eben nicht um eine absolute Unfehlbarkeit, die sich unabhängig von Lehramt und bestehenden Glaubenselementen artikulieren könnte. Seine Anhaltspunkte ergeben sich aus dem überlieferten Glauben der Kirche, der seine Plausibilität in den Strukturen der Offenbarung hat: im geschriebenen Wort der Schrift, in den Konzilien und in der Tradition. Aus diesem Zeugnis heraus ist der Papst berechtigt, die Einmütigkeit des kirchlichen Lehramtes festzustellen. Damit ist ausgeschlossen, daß der Papst Inhalte für unfehlbar erklären kann, die mit den genannten Konditionierungen des katholischen Glaubens nichts zu tun haben. Maßstab und Korrektiv päpstlicher Ex-cathedra-Entscheidungen sind damit ein für allemal gelegt.

Unfehlbarkeit des Amtes - nicht der Person

Sämtliche Polemiken im Vorfeld, aber auch im Nachgang (bis heute) müssen sich an diesem Koordinatensystem messen lassen. Es geht nicht um lehramtliche Absolutsetzung der Meinung eines, wenn auch noch so hochgebildeten Pontifex, sondern um die amtliche Definition und Verlautbarung des bestehenden Glaubens der Kirche, dem auch der Papst ge-

genüber verantwortlich ist. Die von den Gegnern skizzierten Horrorvisionen einer täglichen unfehlbaren Verkündigung war nie die Auffassung des Ersten Vatikanums und Pius' IX.
Ein anderes Begründungselement, welches bisher nicht bedacht wurde, ist das apologetische Interesse, das Hintergrund der Definition der Unfehlbarkeit gewesen sein dürfte. Jene geschlossene Weltsicht, in der das Christentum die einzige und selbstverständliche Säule der Geschicke des Menschen und des Staates gewesen war, brach im Zuge der Französischen Revolution zusammen. Die sich abzeichnende *Säkularisierung* (oder besser: Entkirchlichung und Entchristlichung) hinterließ ihre Spuren auch im Begründungsrahmen des Glaubens und der Kirche.

Global Player oder „weg vom Fenster"

Die kirchliche Gemeinschaft mußte neue Wege suchen, um sich auf einem entstehenden Markt von Erklärungsmodellen und Heilsangeboten optimal zu positionieren.
Diese Betrachtungsweise anhand eines der Wirtschaft entlehnten Modells ist gewiß eine Abstraktion, eine Reduktion kirchlichen Handelns auf ein weltanschauliches Konkurrenzspiel. Unter den treibenden Kräften und auch unter den Entscheidern der Unfehlbarkeit hatte bereits ein politisches Denken geherrscht. Der Konzilstext aber war Theologie, eine weitere Ausfaltung genuin katholischer Dogmatik. Aber das Papstamt war und ist – Klaus Schatz weist oft darauf hin – eine korrespondierende Größe zu den herrschenden Weltmächten. Die Geschichte zeigt mit atemberaubenden Zuspitzungen, daß das Überleben der Kirche, d. h. ihrer Eigenständigkeit, Unabhängigkeit und Handlungsfähigkeit, in eminentem Sinne davon abhängig ist, auch in ihren Strukturen auf Herausforderungen, auf Bedrängnisse, auf Konkurrenten zu reagieren. Diese relative Flexibilität darf nicht mit Imitation oder Anpassung verwechselt werden. Das würde zur sofortigen Absorption und Marginalisierung der Kirche führen. Die Kirche kann nur dann überleben, wenn sie ihre Identität nicht aufgibt. Diese Identität

beschränken zu wollen auf Beten und allgemeine Menschenfreundlichkeit ist naiv und ahnungslos. Derartige Denominationen gibt es seit der Reformation zuhauf, weil sie sich stets wieder spalten und neu gründen, wie ein rastloses Haschen nach einer imaginären Urkirche. Die römisch-katholische Kirche ist eine vom Heiligen Geist geführte, 2000 Jahre alte Stiftung Jesu Christi, die seit dem Pfingstfest zu den Menschen spricht. Ihre Weltzugewandtheit, ihr Weltauftrag unterscheidet sie diametral von der Weltflüchtigkeit etwa der Pietisten oder Buddhisten. Ihr Gegenüber war immer „die Welt", repräsentiert durch den Kaiser, die UNO, die Sowjetunion oder den US-Präsidenten. Alle diese Mächte wußten und wissen, daß ihr mächtigstes Pendant, der Papst, entscheidend geschwächt werden kann sowohl durch eine Erosion der kirchlichen Lehre als auch durch eine Okkupation der kirchlichen Ämter. Beides wurde seit der Französischen Revolution massiv versucht. Auf beide, letztlich tödliche Attacken lieferten Jurisdiktionsprimat und Unfehlbarkeitsdefinition eine glänzende Antwort. Durch die optimale Stärkung der kirchlichen Zentralgewalt wurde Versuchen, die Kirche zu einem harmlosen Verein von Zeremonienmeistern und seichten Frömmlern, mit einem Staatskultpriester an der Spitze, vom Glauben abgefallen und der Welt angepaßt, ein Riegel vorgeschoben.

Vgl. Randnote und Text S. 44; 71.

Dieses gedankliche Modell, das das Überleben der Kirche und damit des Heilsauftrages Christi – ihr von ihm zugesprochen: *non praevalebunt* – sicherte, kann auch ein Vergleich mit einer Familie verdeutlichen: Was passiert mit einer Familie, deren Kinder von Staat und Gesellschaft statt von ihren Eltern erzogen werden; deren Zusammenhalt durch keine Gesetze gesichert ist; in der jeder jederzeit gehen und tun und lassen kann, was er will; in der unvereinbare Vorstellungen und Verhaltensweisen herrschen? Sie zerbricht. Weder Liebe noch Glaube gibt es ohne Form und Schutz.

Symphonie statt Kakophonie

Wie konnte die Kirche das verhindern? Ein Weg war die theologische und philosophische Auseinandersetzung mittels der *apologetischen* Wissenschaft, die auf konkrete Anfragen und Kritikpunkte zu reagieren suchte (langsam entwickelte sich daraus die *Fundamentaltheologie*), und der andere Weg war die Zentrierung auf eine verbindliche Lehrmeinung. Ein kopfloses Orchester der Theologie und der Glaubensinterpretation verdunkelte die Eindeutigkeit der Lehre. In der Polyphonie kann der eigentliche Kern der Glaubenswahrheit nicht herausgestellt werden. Es bedurfte einer Stimme, die der Welt konkret die Botschaft Christi verkünden konnte, gleichsam als Richtschnur für das, was Christentum und Kirche eigentlich bedeuten. Die Notwendigkeit der eindeutigen Stimme, die für die ganze Kirche spricht, dürfte ein nicht zu unterschätzendes, wenn auch nur latent vorhandenes Motiv gewesen sein, die Unfehlbarkeit dogmatisch-lehramtlich zu definieren.

Alle Ängste der Dogmatisierungsgegner haben sich als grundlos erwiesen. Ihre absurde Vorstellung, daß der Papst in all seinen Äußerungen und Handlungen Unfehlbarkeit für sich beanspruchen könnte, entsprachen nicht der Wirklichkeit. Der Papst wurde auch kein letztlich außerhalb der Kirche stehender Monarch, ihr gegenüber, sozusagen als Lenker der Geschicke oder als Marionettenspieler. Das wäre ebenso unglaubwürdig wie ein Papst, der die Fülle seines Amtes rückbinden muß an eine nächste Instanz. Das Erste Vatikanische Konzil hat sich hier bei allen Differenzen zwischen Minorität und Majorität als eine weitblickende und ausgewogene Kirchenversammlung erwiesen.

Seit 1871 gab es nur eine einzige Ex-cathedra-Entscheidung der Päpste, als Pius XII. 1950 das Dogma von der Leiblichen Aufnahme Mariens in den Himmel verkündete: *Maria assumpta.* Die Dogmatisierung der *Assumpta* wird so keine 80 Jahre später zum entlarvenden Ereignis für die meisten mit Vehemenz vorgetragenen Einwände gegen die Unfehlbarkeit. Ignaz Döllinger,

Apostolische Konstitution *Munificentissimus Deus* vom 1.11.1950 (DH 3900–3904).

Lord Acton und weite Teile der Minorität werden Lügen gestraft. Papst Pius XII. setzte in der Praxis die Dogmatisierung genau nach den Vorgaben des Ersten Vatikanischen Konzils durch. Blick in die Tradition, Befragung der Bischöfe und Rücksicht auf das Glaubensgut der Menschen wurden zu den stichhaltigen Argumenten, die für eine Dogmatisierung des Glaubensgeheimnisses sprachen und diese vorbereiteten. Von einem päpstlichen Willkürakt, wie zu allen Zeiten suggeriert wurde und wird, kann also keine Rede sein.

Eine Frage der Ekklesiologie

Wie läßt sich diese Definition, nun, da alle Mißverständnisse ausgeräumt sind, theologisch positiv deuten? – Sie ist dogmatisch vollkommen konsequent. Wir hatten (S. 71) eine kleine Betrachtung des Primates eingeschoben, um die Frage zu klären: Warum ist *der Papst* in Ex-cathedra-Entscheidungen unfehlbar? Warum der Papst in Ex-cathedra-Entscheidungen *unfehlbar* ist, ist eine Frage der Ekklesiologie, der Lehre von der Kirche: Die päpstliche Unfehlbarkeit ist nämlich „keine andere Unfehlbarkeit als die der Kirche als ganzer von Christus verheißene, sondern eine besondere Form ihrer Ausübung. Sie empfängt ihre Autorität jedoch nicht von der Kirche, sondern unmittelbar kraft eines dem römischen Bischof bei der Ausübung seines Lehr- und Hirtenamtes verheißenen Charismas des Heiligen Geistes (DH 3074; LG 25)."

LG 25 findet sich in dem in der Randnote auf S. 42 genannten *Konzilskompendium*, S. 152 ff. Das Gesamtzitat ist aus GERHARD LUDWIG MÜLLER, *Katholische Dogmatik*, 4. Aufl. 2001, S. 625.

Das Imperium schlägt zurück: Kulturkampf

Der Zeitabschnitt, der in die Geschichte als „Kulturkampf" eingegangen ist, ist dadurch bestimmt, daß das reformatorische Preußen seine militärischen Erfolge gegen die (zumindest äußerlich) katholischen Staaten Österreich und Frankreich als Niederlage des Katholizismus verstand. Außerdem interpretierten im Deutschen Reich ausschließlich Vertreter des liberalen und Rom gegenüber skeptischen Katholizismus die Beschlüsse des Ersten Vatikanischen Konzils und bereiteten sie für die preußische Regierung auf. Durch seine enge und quasi sakrale Bindung an den Papst – so die vorherrschende Meinung in Deutschland – entziehe sich der Katholik den bürgerlichen Pflichten gegenüber dem protestantischen Kaisertum. Die Opposition war in Rom.

In der Schweiz wurde seit den 1840er Jahren ein Kulturkampf geführt: im „Sonderbundkrieg" wurde militärisch gegen die katholischen Kantone vorgegangen. 1874 entrechtete die Bundesverfassung (Art. 27, 50–52) die kath. Kirche.

Zwangsläufig ergab sich durch eine solche Verzerrung der Beschlüsse und der Intention des Ersten Vatikanischen Konzils eine kirchenpolitische Auseinandersetzung. Das preußisch-reformatorische Staatskirchentum sollte wiederbelebt werden, die Kirche als dem Staat untergeordnete Erziehungsanstalt installiert werden.

Otto von Bismarck trug die eigentliche Verantwortung. Im Dogma der Unfehlbarkeit und in den sich formierenden politischen Kräften sah er eine Bedrohung für das Reich. Die „Zentrumspartei", die im Sommer 1870 gegründet wurde, konnte als Vertreterin der Katholiken im ersten Reichstag 1871 als zweitstärkste Fraktion die politische Landschaft mitgestalten. Die sich formierenden katholischen Kräfte fanden ihren Halt und ihre geistige Unterstützung in der Gestalt Pius' IX. Das katholische Vereinswesen blühte. Und als Pius IX. den preußischen König um Hilfe bei der Wiedererlangung des Kirchenstaates bat, unterstützte die Zentrumspartei das Anliegen mit Nachdruck: Ein von politischen Ansprüchen unabhängiger Papst sei wesentlicher Bestandteil der katholischen Kirche.

Antikatholische Maßnahmen

„Die Kirche wird in vielen Ländern Europas schwer bedrängt, der Papst ist seiner Länder beraubt, fünf deutsche Bischöfe sitzen im Gefängnis, zahlreiche Priester teilen ihr Schicksal oder werden aus der Heimat verbannt, alle Mitglieder katholischer Vereine ... sind unter den Verdacht staatsfeindlicher Bestrebungen gestellt, jeder Tag bringt uns neue Schmerzensnachrichten, unsere Herzen bluten ..." (BISCHOF KETTELER, Mainz, *Schreiben, die Sedan-Feier betreffend*, vom 19.8.1874).

Mit jedem Tag wurde die Situation in Deutschland für die Katholiken und die Katholische Kirche schwieriger. Aus heutiger Sicht unerhörte Maßnahmen wurden von den preußischen Behörden angeordnet. Nur einige Schlaglichter: Am 10. Dezember 1871 wurde der „Kanzelparagraph" verabschiedet: Predigten dürften Staatsangelegenheiten nicht behandeln, wenn sie damit den inneren Frieden gefährdeten. Hinter der fadenscheinigen Begründung, die Kanzel dürfe nicht zur politischen Kundgebung mißbraucht werden, schnitt man dem katholischen Klerus im „neuen Reich" Preußen das Wort ab. Eine Zuwiderhandlung wurde mit zwei Jahren Gefängnis geahndet.
Wie stark Bismarck die Ansicht einer dem Staat gefährlich werdenden Kirche vertrat, wird nur wenige Monate später deutlich: In einer Zirkularnote vom 14. Mai 1872 an alle ausländischen Regierungen regte er tatsächlich an, daß diese bei der nächsten Papstwahl die möglichen Kandidaten prüfen und bei entsprechenden Vorbehalten zurückweisen sollten! Die Bischöfe, die in Frage kämen, seien schließlich Untertanen eines fremden Souveräns, der auf diese Weise, also mittels seiner „Satelliten", den Bischöfen, in die Reichsgeschäfte eingreifen könne. Als die Note in der *Deutschen Reichszeitung* am 28. Dezember erschien, setzte sofort der Protest der Bischöfe ein. Zum einen verbat man sich die Unterstellung, die Bischöfe seien nichts weiter als Werkzeuge des Papstes, zum anderen war man schockiert über die Idee, von staatlicher Seite in die Papstwahl einzugreifen. In der Tat eine ungeheuerliche Anmaßung nationaler Regierungen, die Kirche für eigene Zwecke zu benutzen und eventuell un-

liebsame Kandidaten für das Papstamt im Vorfeld einer staatlichen Prüfung zu unterziehen und gegebenenfalls auszuschalten! Die Bischöfe wiesen ferner darauf hin, daß die Beschlüsse des Ersten Vatikanums, insbesondere die päpstliche Unfehlbarkeit, keinen Einfluß auf rein politische Entscheidungen der Länder und Nationen zu nehmen beabsichtige, v. a. gar nicht nehmen könne. Infallibilität ist ein Thema der Theologie und keine Aussage über die politische Omnipotenz des Bischofs von Rom.

In einer Ansprache an die Mitglieder des deutschen Lesevereins in Rom am 24. Juni 1872 sagte Pius IX., „ein (staatlicher) Triumph ohne Mäßigung" werde von kurzer Dauer sein. Wer weiß, ob sich nicht bald das Steinchen von der Höhe loslöst und den Fuß des Kolosses zerschmettert. Wir warten voller Zuversicht ab, was Gott bestimmen wird. Indessen aber erweisen wir der Regierung Ehrfurcht und Gehorsam, solange sie nichts gegen die Gebote Gottes und die Kirche befiehlt" (zitiert nach: Hales, S. 505).

Zu diesem Kurztitel siehe die Randnote auf S. 19.

Der Ton verschärfte sich. In der Weihnachtsallokution vom 23. Dezember des gleichen Jahres hatte Pius von Männern gesprochen, „welche unsere Religion nicht bekennen und nicht einmal kennen und sich doch anmaßen, die Dogmen und die Rechte der Kirche abzugrenzen, sich dabei nicht schämen, die Schuld an der wütenden Verfolgung den Katholiken zuzuschreiben, weil diese sich weigern, die Gesetze der weltlichen Macht den heiligsten Gesetzen Gottes und der Kirche vorzuziehen" (zitiert nach: Hales, S. 505).

Der Kaiser sah sich persönlich angegriffen, und Bismarck zog seinen Gesandten aus Rom ab. Und so ging es weiter. Die *Berliner Nationalzeitung* verhöhnte Pius IX. als einen unzurechnungsfähigen Greis, der seine Priester und die deutschen Katholiken zum erbitterten Widerstand gegen das Vaterland aufrufe. Wir sehen, in welche Bereiche wir absinken.

Damit nicht genug. Am 7. Juli 1872 verabschiedete der Reichstag das „Jesuitengesetz": Zusammen mit den Lazaristen und Redemptoristen („verwandte Orden") wurden die Jesuiten von deutschem Boden verbannt.

Was steckte hinter alledem? Einen konkreten Anlaß, einen plausiblen Grund wird man nicht finden. Hinter dem rigorosen – heute leider schon wieder vergessenen – Vorgehen eines selbstherrlichen Staatengebildes steht die Ideologie der Aufklärung und die Vorstellung von einer landeskirchlich-kongregationalistischen Konzeption der Kirche: Kirche ist Teil des Staates. Sie ist nicht eine eigene Größe innerhalb des Staates, sondern steht durch den moralischen Erziehungsauftrag im Dienste des Gemeinwohls. Wenn schon kirchlich, sollen anständige Bürger ihrer ethischen Verantwortung gegenüber dem Staat entsprechend zum Engagement in Bildung und Erziehung herangezogen werden.
Es drängt sich sofort der Gedanke des Mißbrauchs auf. Pius IX. reagierte auf diese offenkundige Verletzung aller Rechtsstaatlichkeit mit einem erbitterten Aufruf zum Widerstand.

Die „Maigesetze": „Raus mit der Kirche!"

1873 folgten die „Maigesetze". Sie sahen die Errichtung eines königlichen Gerichtshofes für kirchliche Angelegenheiten vor und erließen Anweisungen zur Ausbildung und Anstellung des Klerus sowie Vorschriften zur Erleichterung des Kirchenaustritts und die Einführung der Zivilehe.
Im Mai 1875 wurden die Klöster und Ordensniederlassungen in Preußen aufgehoben und die Mitglieder der Gemeinschaften ausgewiesen. Mit einer Ausnahme: die im Pflegedienst tätigen Ordensgemeinschaften durften bleiben. Nehmen ist seliger denn geben! Von elf preußischen Bischöfen ließ Bismarck fünf gefangennehmen und durch staatliche Verordnung absetzen. Bismarck steuerte zusammen mit der preußischen Regierung die Bildung einer deutschen Nationalkirche an. Diese konnte gleichsam von Preußens Gnaden per definitionem auf die Nation verpflichtet werden. Die „Unabhängigkeit von Rom" mündete automatisch in die nationale Bevormundung. Jede Form des von Hans Urs von Balthasar beschriebenen „antirömischen Affekts" trägt in sich die

Wurzeln einer nationalen Indienstnahme des Glaubens und der Gemeinschaft der Gläubigen. Die Nation ist alles, und die Kirche nur ein taktisch einsetzbares Mittel in den Händen der Regierenden. Pius IX. wehrte solche Ansätze zu Recht von Anfang an ab. Auch die deutschen Bischöfe lieferten 1875 eine gemeinsame Erklärung, die sich gegen die staatlichen Maßnahmen richtete. Der Papst erklärte in seiner Enzyklika *Quod nunquam* vom 5. Februar 1875 alle Gesetze, die im offenen Widerspruch zur göttlichen Einrichtung der Kirche stehen, für bedeutungslos. Immer mehr aggressive Vorschriften gegen die Kirche wurden auf den Weg gebracht. Und obwohl Bismarck versuchte, andere europäische Regierungen als Verbündete gegen Rom und den Papst zu gewinnen, blieb er dennoch als Repräsentant Preußens allein.
Gerade die Zeit der preußischen Vormachtstellung in Deutschland verdeutlicht die Gefahr, die für die Kirche entsteht, wenn nationale Interessen, die rein pragmatisch-politisch durchgesetzt werden, auf die Kirche treffen, die eben kein Gebilde menschlicher Phantasie ist, und durch menschliche Überheblichkeit, die immer mit geistiger Engstirnigkeit gekoppelt ist, manipuliert werden kann.

Ein politischer Fehler

Je mehr Zeit innerhalb des Reiches auf die Auseinandersetzung zwischen Staat und Kirche verschwendet wurde, desto geschlossener zeigten sich katholische Bevölkerung und Kirche. Obwohl bis zum Jahr 1878 zwei Drittel der Bischöfe vom Staat abgesetzt wurden und Tausende Pfarreien ohne pastorale Versorgung waren, verstärkte dies alles nur die Sympathie für den Papst, die Kirche und den Glauben: ein Beweis für die tiefe Verankerung der Religiosität in den Menschen und der Stärke sinnstiftender Identifikation mit Kirche und Papst. Aus dem Versuch, die katholische Kirche in die Abhängigkeit des Staates zu drängen und zu dessen Handlanger zurechtzustutzen, erwuchs ein erstarktes Selbstbewußtsein der Katholiken.

Aus der staatlich verordneten Bevormundung der Kirche erwuchs ein negatives Bild des preußischen Staates. Er galt international als intolerantes Gemeinwesen. Aus der Kontroverse ging ein einflußreicher Katholizismus hervor, der sich in der an Bedeutung gewinnenden Zentrumspartei, den zahlreichen Verbänden und Vereinen und einer reichen katholischen Presse festmachen läßt.

Gerade in Deutschland wurde Pius IX. in den letzten Jahren seines Pontifikats große Verehrung zuteil. Sein Einsatz für die Unabhängigkeit der Kirche wurde für viele Gläubige zum Symbol ihrer eigenen Identität. Die durch die Aufklärung motivierte Gängelung der privaten und individuellen Religiosität sowie der institutionellen Hierarchie empfanden die meisten Katholiken als einen einschneidenden Prozeß in ihre private Religiosität, die ihrem Leben Orientierung und Bedeutung gab und fester Bestandteil ihres Weltbildes war. Am 13. Mai 1875 überreichte der Präsident des „Mainzer Katholikenvereins", kurz nachdem sich die Wogen der Maigesetze wieder geglättet hatten, Pius IX. eine Huldigungsadresse, die über eine Million Katholiken unterschrieben hatte. Der Zauber einer Staatskirche verpufft schnell, während die Verankerung in die übernatürliche Ordnung dem Menschsein seine eigentliche Zielsetzung eröffnet.

„Es ging (...) in den Kulturkämpfen nicht nur um konkrete und gesellschaftlichen Veränderungen anzupassende Grenzen zwischen Staat und Kirche, sondern um den Machtanspruch des modernen Staates mit seinen prä-totalitären Zügen. Die für eine humane Gesellschaft grundlegende Frage nach der Existenz und der Anerkennung von Rechten und Werten, die dem Staat vorgegeben und für ihn nicht verfügbar sind, wurde in neuartiger Zuspitzung gestellt und von den Nationalisten verneint. Die Verdikte erst nationalliberaler und nationalistischer, dann nationalsozialistischer, in der Gegenwart schließlich sozialliberaler Politiker, Publizisten und Historiker über eine antiliberale und autoritäre oder ‚undeutsche', jedenfallls anachronistische Kirche greifen zu kurz."

RUDOLF LILL, *Einleitung*, in: *Der Kulturkampf*, hrsg. u. erl. von Rudolf Lill, 1997, S. 24.

Und alle Fragen offen?

Johannes XXIII., der mit Pius IX. am 3. September 2000 seliggesprochen wurde, hatte eine tiefe innere Verbindung zum Mastai-Ferretti-Papst. Seine Wertschätzung wirft Licht auf den eigentlichen Grund, die beiden Päpste zum gleichen Termin zur Ehre der Altäre zu erheben. Johannes XXIII. war im Naturell, mit seinem Charme und seiner ungetrübten Herzlichkeit ein ähnlicher Charakter wie sein Vorgänger im 19. Jahrhundert. Amtsführung, Ziele und politische Bedingungen waren freilich andere. Aber Johannes XXIII. sagte einmal: „Ich denke immer an Pius IX. – Ich wünsche, ihm in seinem Opferleben zu gleichen und würdig zu sein, seine Heiligsprechung zu feiern." Johannes XXIII. war ein ausgezeichneter Kenner der Kirchengeschichte des 19. Jahrhunderts. Er hinterließ zahlreiche Veröffentlichungen zu den entscheidenden Fragen und Themengebieten der Kirchen- und Theologiegeschichte und war Professor für Kirchengeschichte am Priesterseminar in Bergamo (Angelo Giuseppe Roncalli war dort bereits als 13jähriger aufgenommen worden und zeichnete sich bereits als Seminarist durch exzellente historische Kenntnisse aus.). Er hatte also die Kompetenz, historische Fragestellungen zu beurteilen.

Von daher ist die von den Kirchenhistorikern im deutschen Sprachraum auf ihrer Vollversammlung am 13. Juni 2000 erlassene Resolution gegen die Seligsprechung Pius' IX. auch eine gegen Johannes XXIII. Obwohl zum Termin der Seligsprechung nur Publikationen zu Johannes XXIII. erschienen (zumindest im deutschen Sprachraum), und sich auf diese Weise geradezu eine Welle der Verehrung für unseren „Bruder Johannes", wie ein Buchtitel lautet, breitmachte, spricht man gerade ihm die Fähigkeit ab, aus seiner offenkundigen kirchengeschichtlichen Kompetenz das Pontifikat Pius' IX. zu begreifen.

Eine umfangreiche Auseinandersetzung mit der Resolution bietet AMBROSIUS ESSER. Ein *Historikerstreit um Pius IX.*, in: *Die Neue Ordnung* 56 (2002) Nr. 6.

Der Focus auf Geschichte

„Das Faktische ist das Gute." Sich auf diesen hegelschen Grundsatz zurückzuziehen, mag ein latenter Konsens der Historiker sein. Kirchengeschichtler freilich neigen dazu, v. a. das säkulare Faktum, also die weltgeschichtlichen Ereignisse, die gesellschaftlichen und politischen Mächte aufs erste als unhinterfragbares, unausgesprochen „gutes" Koordinatensystem kirchlichen Handelns anzusehen. Auf dieser Folie wird dann das Agieren der kirchlichen Entscheider daraufhin abgeklopft, ob es pragmatisch, diplomatisch, erfolgreich ist: „quadratisch, praktisch, gut". Aber „auf der sicheren Seite" ist der Kirchenhistoriker eigentlich erst, wenn er sich den hegelschen Grundsatz so zu Herzen nimmt, daß er sich darauf beschränkt, in detektivischer Akribie ein winziges Detail nach dem anderen zu beleuchten und sich von Erklärungen und Bewertungen zu suspendieren, sofern diese nicht raschen Applaus finden. – Aber welcher Geist inspirierte einen Mann wie Pius IX.? Welche Vision hatte er? Wie positionierte er sich zwischen 1789 und 1945? Diese Bewertung kommt ohne Theologie nicht aus.

„Das Neue ist das Gute." Modernismus und Progressismus mögen das allgemeine Bewußtsein regieren, einer kritischen Prüfung hält dieser ihr Grundsatz nicht stand. Warum auch? Warum soll das Empire State Building besser sein als die Kathedrale von Chartres? Welcher Fortschritt ist ein Schritt nach vorn, in die richtige Richtung? – Die Kriterien dafür können nicht im Fortschritt selbst liegen. Revolutionen kennen kein Mitleid. Nur weil sich etwas historisch entwickelt hat und jetzt ein neues Kapitel der Geschichte aufschlägt, müssen wir es nicht kritiklos annehmen. Es könnte sein, daß ein Papst weiter zurück und weiter nach vorne sah als ein blindwütiger Neuerer. Es könnte aber auch sein, daß das Neue, was ein Papst geschaffen hat, das Gute ist.

„Das Faktische und das Neue sind das Primäre." Was sich nach vorn, in den Vordergrund drängt, das wird gesehen. Es kann provozieren. Es kann Anlaß sein. Aber mit welchem Recht bezeichnen wir das Handeln angesichts des Neuen, das Kontra-

Faktische als bloße Reaktion? Sind Ursache und Wirkung so monokausal, daß die Kirche immer nur auf die Welt reagiert? Hat nicht Bismarck auf die Unfehlbarkeit reagiert? Hat nicht die Kirche innere Gesetze, innere Leitmotive? Wer Glied der Kirche ist, wie könnte er es sein, wähnte er sie als bloße Getriebene und spräche ihr gar in einem Konzil den Heiligen Geist ab? – Daß sich Pius IX. so und nicht anders verhalten hat, ist nicht einfach eine Frage des Reagierens auf neue historische Fakten, sondern vor allem sein Wille, aktiv Gegenwart und Zukunft mitzugestalten.

Kirche in der geistigen Isolation?

Hätte Pius IX. seelenruhig zur Kenntnis nehmen sollen, daß sich in Italien und andernorts eine Demokratie heranbildet, die diesen Namen nicht verdient? Die Verhältnisse der italienischen Demokratie in jenen Jahren können kaum pointierter beschrieben werden als mit den Worten des Barons Petrucelli, der 1861 im ersten Parlament des Königreichs Italien sagte: „Sicher würde man niemals sagen, daß unser Parlament demokratisch ist. Denn alles ist vorhanden außer dem Volk."
Hätte sich Pius IX. hier de facto für die überholte Adelsgesellschaft einsetzen sollen, die sich offiziell als Anwalt des Volkes betrachtete?
Oder nehmen wir die Enteignung der Kirche durch die Politik. In ganz Europa wurden Bibliotheken ausgeraubt, Fakultäten geschlossen, finanzielle Mittel für die Bildung gestrichen. Der sich dahinter verbergende Gedanke ist nicht etwa finanzielle Bereicherung, sondern der langfristig angesetzte Versuch, der Kirche alle geistigen und kulturellen Werkzeuge aus der Hand zu reißen, um sie dann – völlig unlogisch, aber nicht wirkungslos – als für die Konstitution einer Gesellschaft überflüssigen Ballast zu „entlarven". Hinter so schönen und Historiker oft blendenden Vokabeln wie „liberal" und „demokratisch" verbargen sich mehr Intoleranz, Bevormundung und nationale Engstirnigkeit als jemals bei einem „absolutistischen" Papst wie Pius IX.

Mußte sich Pius IX. nicht gegen die Plazierung der Kirche in die Bedeutungslosigkeit wehren? Mußte er nicht skeptisch gegenüber einem liberalen Staatengebilde sein, das aus heutiger Sicht so entsetzlich hochgejubelt wird, aber heutigen Ansprüchen nicht im entferntesten entsprach?
Die provozierende Gesetzgebung des „Kulturkampfes“ ist das beste Beispiel für den Versuch, die Kirche zurechtzustutzen und zu marginalisieren. Hätte sich Pius IX. diesem modernen, liberalen Staat offen in die Arme fallen lassen sollen? Manche voreiligen Kritiker denken wohl auch nicht mit der Kirche, sondern sehen in jeder Form der geistigen Selbstbehauptung zugleich eine reaktionäre Enge. Ist es immer nur der Kirche nicht gestattet, sich zu verteidigen? Muß sie alles erdulden, was nihilistische Staatsformen ihr aufzwingen? Fragen, die auch heute noch nichts an Aktualität eingebüßt haben.

Literarische und wissenschaftliche Problemfelder

Waren die Politik und das Pseudo-Staatsgehabe des 19. Jahrhunderts die größte Bedrohung für die Möglichkeit einer Weiterexistenz der Kirche in Europa – zumindest in eigenständiger, vom Staat unabhängiger Form –, so gab es auch Kräfte im Inneren, die an der Substanz zehrten. 1863 erschien das berühmte „Leben Jesu“ von Ernest Renan (1823–1892): *Vie de Jésus*. In diesem wohl am meisten gelesenen Buch des 19. Jahrhunderts zeichnet Renan ein mehr als fragwürdiges Bild von Jesus von Nazareth. Der schwärmerisch-romantische Roman beschreibt Jesus als Naturkind, das zum einen keinerlei Vorstellungen besitzt, welche Konsequenzen die Verkündigung seiner Lehre hat, und zum anderen in die Anarchie abgleitet: Jesus als Vorbote sozialrevolutionärer Erhebungen. Einem derartigen „Jesuanismus“ fühlen sich noch heute nicht wenige verwandt. Der entscheidende Punkt ist dabei die Leugnung der Gottheit Jesu. Jesus wird reduziert auf eine außergewöhnliche Erscheinung, die besonders religiös motiviert ist,

und in einem sich von anderen Menschen abhebenden, außergewöhnlichen Verhältnis zu Gott steht. Aber er ist nicht der Sohn Gottes. Insofern kann man Ernest Renan, neben vielen anderen Faktoren, als „Propheten" des Religionspluralismus sehen, der den Universalitätsanspruch der Gestalt Jesu Christi ablehnt.
Sollte hier Pius IX. kritiklos zustimmen, weil Renan etwas „Neues" entwickelt hatte? Wurden hier nicht die Kirche und der Glaube in ihrem Innersten ausgehöhlt? Wurde hier nicht die Unmöglichkeit der Offenbarung, der realen Begegnung des Menschen mit Gott, „verkündet"? Ist das Für-wahr-Halten des Renanschen Pseudo-Evangeliums nicht der Anfang vom Ende des christlichen Glaubens?

Religion als Projektion

In Ludwig Feuerbachs (1804–1872) Philosophie (v. a. *Das Wesen des Christentums*, 1841) gelten die Religion und der personale Gott als eine Projektion des Menschen. Gott, in der Sprache der Philosophie „das Absolute" (eine Entpersonalisierung des ansprechbaren Gottes), entsteht durch eine bloße Mystifikation des Endlichen, wodurch die Religion als rein anthropologisches und immanentes Faktum begründet wird. Der Mensch ist der eigentliche „Erfinder" der Religion und zugleich das Objekt seines Glaubens selbst. Er jongliert sich zum eigenen Wunsch-Gott durch eine Projektion seiner selbst in die Sphäre der Transzendenz. Der Begriff der Selbstvergötterung des Menschen widerspricht natürlich grundsätzlich der christlichen Anthropologie und der religiösen, auf Offenbarung beruhenden Gottesvorstellung.
Auch an dieser Stelle sei die Frage erlaubt, ob Pius IX. mit seiner Skepsis den neuen Philosophien gegenüber nicht recht hatte. Wird bei Ernest Renan die Gottheit Jesu Christi geleugnet und damit prinzipiell das Christentum als Offenbarungsreligion entwurzelt (wie können wir eigentlich von einer Selbstoffenbarung Gottes in der Inkarnation sprechen, wenn dieses

Geheimnis sich nicht in der Geburt des Erlösers auch tatsächlich vollzogen hat?), so stellt Feuerbach die Existenz des Übernatürlichen, der Transzendenz, eines Gottes überhaupt in Frage und löst damit Religion in den Bereich menschlicher Phantasie, des Unbewußten, der psychologischen Selbstbehauptung und Überbewertung hinein auf. Durfte ein Papst solche einschneidenden philosophischen Lehren, die eine existentielle Bedrohung des Phänomens Religion insgesamt und des Christentums im speziellen bedeuteten, stillschweigend hinnehmen, oder war er als Hirte seiner Herde nicht sogar zu einer eindeutigen Stellungnahme verpflichtet? Hat nicht gerade Pius IX. die vielbeschworenen Zeichen der Zeit erkannt? Ist es nicht sogar ihm und dem Syllabus zu verdanken, daß auf die sich still und leise verbreitenden philosophischen Gefahren aufmerksam gemacht wurde und damit die Theologie als Wissenschaft zu einer ihrer ureigensten Aufgaben angeregt wurde? Durch den Hinweis des Papstes wurde sie gleichsam aus der Reserve gelockt und dazu verpflichtet, aus ihrem Elfenbeinturm herauszukommen und sich den Fragen der Gegenwart zu stellen.

Minorität bleibt Minorität

Aufgrund des „liberalen" Denkens in einer toleranten Gesellschaft neigen wir automatisch dazu, der Minderheit den Vorzug vor der Mehrheit zu geben. Spitze Bemerkungen gegen Pius IX. und sein Verhalten gegenüber der Minorität auf dem Ersten Vatikanum vergessen einen wichtigen Punkt, der die Gesamtheit der Kirche betrifft. Um alle Aspekte des Verhaltens hier zu Wort kommen zu lassen, sei gesagt, daß es in der „heißen" Endphase der Konzils zu Szenen gekommen ist, die der heiligen Synode nicht zur Ehre gereichen – aber: das betrifft beide Seiten. Die maßlosen Äußerungen, das überzogene Gebaren, die unfaire Einbindung der Politik und der Presse (v. a. in Deutschland und England) waren nicht gerade gentlemanlike. Aber das geht vor allem auf das Konto der minoritären Helfershelfer.

Pius IX. trug eine immense Verantwortung. Der Krieg nördlich der Alpen, die Bedrohung vor den eigenen Toren und die kulturellen, philosophischen und theologischen Wege in einer sich rasant weiterentwickelnden Welt mochten beim Papst und den Anhängern der Infallibilität gelegentlich die notwendige Kühle in der Abwägung der Argumente vermissen lassen. Aber eine Entscheidung mußte getroffen werden. Jede bis ins kleinste Detail ausgefeilte theologische Spitzfindigkeit mit Ziel, der eigenen Position mehr Gewicht zu verschaffen, war für Pius IX., der sich einer überwältigenden Mehrheit verantwortlich wußte, mehr ein Signal der Blockade als eine Beteiligung am konstruktiven Aufbau der Kirche. Verläßt man das konziliare Geschehen und lenkt seinen Blick auf die Befürworter der Infallibilität und die breite Zustimmung, die Pius IX. gerade unter den „einfachen Leuten" aber auch unter hochgebildeten Vertretern der Theologie erfuhr, so ist die Reduzierung des Ersten Vatikanums auf den Brennpunkt Minorität nicht nachvollziehbar und lediglich Ausdruck der Absicht, das Pontifikat Pius' IX. in die finstere Ecke despotischer Machtausübung zu stellen. Die Minderheit hat nicht immer qua Minderheit Recht. Die Mehrheit muß sich stets kritischen Anmerkungen und Anregungen einer Minderheit öffnen und sie in die eigenen Überlegungen mit aufnehmen. Die Situation auf dem Ersten Vatikanum bleibt in der Geschichte der Konzilien als relativ harmlose Episode konziliarer Streitigkeiten einer künftigen Streitkultur innerhalb der Kirche sicherlich eine Mahnung, im Geiste der Brüderlichkeit miteinander umzugehen. Sie sollte allerdings nicht so hoch angesetzt werden, daß von Despotismus und Unterdrückung die Rede ist.

Die tatsächliche Umsetzung des Dogmas der Unfehlbarkeit des Papstes, wie sie die sich an das Konzil anschließende Geschichte zeigt, belehrt uns darüber hinaus, konkrete Ereignisse der Geschichte nicht überzubewerten. Das einzige, unfehlbar proklamierte Dogma von der leiblichen Aufnahme Mariens in den Himmel (Mariä Himmelfahrt) hat die breite Zustimmung des vorher befragten Weltepiskopats gefunden.

Das Fest ist tief in der Frömmigkeit der Menschen verankert, wie zahlreiche Bräuche und Riten in der ganzen Welt bezeugen. Übrigens forderten bereits auf dem Ersten Vatikanum 204 Konzilsväter, diesen Glaubensartikel zu dogmatisieren. Hier ist eine innere Kontinuität gewahrt, die zum Wesen der Kirche gehört. Ein Konzil schafft keine neue Fakten, die das Alte abschaffen möchten, sondern es baut darauf auf, setzt fort, was das vorherige (oder eines der vorherigen) begonnen hat.

Der Prophet seiner Zeit

Die Behauptung der „Intoleranz" Pius' IX. wird gern am „Fall Mortara" festgemacht. Wir hatten gezeigt, daß dies der historischen Situation ebensowenig gerecht wird wie der Vorwurf des Antisemitismus. Aber wie ist die heutige Vorstellung einer religiösen Freiheit (und Beliebigkeit), die sich am Subjekt orientiert, zurückzutransportieren in das Jahrhundert des Pio nono? Die verkürzte und einseitig der katholischen Kirche zugeschobene religiöse Intoleranz ließe sich mit einigen Beispielen aus reformatorischen und orthodoxen Ländern ohne Problem komplettieren. Es geht aber nicht um gegenseitiges Aufrechnen, sondern um die Erkenntnis, daß subjektive Freiheit im religiösen Bereich in dieser Zeit nicht existierte. Und dies nicht aus bösem Willen, sondern weil es die Vorstellung einer selbstverfügten Religiosität einfach nicht gab. Die politische Sonntagrede von der Religionsfreiheit wurde durch gleichzeitige und spätere staatliche Maßnahmen gegen die Kirche (Risorgimento, Kulturkampf in Italien, Deutschland und der Schweiz) als Finte entlarvt.

Schweden: Juden erst im letzten Viertel d. 19. Jh.s zugelassen; katholische Konvertiten ausgewiesen; im von Rußland beherrschten Polen offener Zwang gegen Katholiken.

Pius IX. handelte nicht intolerant in einem ansonsten vor Liberalität und Toleranz geradezu sprühenden Europa. Pius IX. war als Kind seiner Zeit seiner Zeit weit voraus. Gerade im vielgeschmähten Syllabus errorum erwies sich dieser Papst als Prophet. Denn der atheistischen, kirchenfeindlichen, liberalnationalen Geisteshaltung, der der Syllabus ins Angesicht hinein widerstand, wohnte bereits ein ausgeprägter Hang zur Intoleranz gegen politische, religiöse und ethnische „Abweichler“ inne. Unter dem Deckmantel „liberal“ dringt der Liberalismus bis in die private Lebenswelt ein. Widerständler werden als „illiberal“ gebrandmarkt, marginalisiert, bekämpft und unterdrückt. Es geht schnell nicht mehr um Freiheit, sondern um Zwang. Liberalismus ist eine Ideologie, die den Andersdenkenden als Feind brandmarkt. Der Weg vom Nationalliberalismus zum Nationalsozialismus ist nicht weit. Ebenso wohnen dem Kommunismus und Sozialismus – 1867 erschien Band 1 von Marx' *Das Kapital* – totalitäre Züge inne. Die emanzipatorische Idee löst sich via Gleichheitsideologie in Kollektivismus auf. Die Freiheit verkümmert zur „Einsicht in die Notwendigkeit“ (Engels), angeführt von der „Avantgarde der Arbeiterklasse“ (Lenin), den Genossen Parteifunktionären.

Die 20 % liberalen Wählerstimmen von 1912 gingen bis 1932 vollständig an die NSDAP (vgl. Fritz Gerlich / Ingbert Naab, *Prophetien wider das Dritte Reich*, hrsg. v. Johannes Steiner, 1946, S. 304 – 305.

Papst Pius IX. wurde im 19. Jahrhundert politisch zurückgedrängt, im Vatikan isoliert. Seine Einsamkeit war die des Rufers in der Wüste. 1914, 1917, 1933, 1939 sollten ihm Recht geben.

Das Konzil und der Heilige Geist

Pius IX. und sämtliche Päpste der Vergangenheit, der Gegenwart und der Zukunft sind allesamt nicht Aufsichtsratsvorsitzende einer Jesus-AG. Vielmehr stellen sie das personale Prinzip der kirchlichen Einheit dar. Sie sind die sichtbare Gestalt der verheißenen Dauerhaftigkeit (vgl. Mt 16,18). Sie sind der Fels, auf dem Christus seine Kirche gebaut hat. Maßstab ihrer Beurteilung dürfen daher nicht nur die historischen Fakten in ihrer chronologischen Aufreihung und in ihrer Einordnung in „gut“ und „böse“, „geschehen“ und „legendarisch“ sein, sondern auch stets die dem Amt der Kirche innewohnenden, eigenen Implikationen. Um das Amt der Kirche von einem weltlichen Amt, etwa einem Staatsamt, zu unterscheiden, genügt nicht der Blick auf die unterschiedlichen Funktionen. Das Amt der Kirche kann nicht auf reine Funktionalität reduziert werden. Seine Vollmacht, seine Begründung liegen allein im Sendungsauftrag Christi und in der Autorität der Kirche, diese Vollmacht weiterzutragen. Ein solches Amtsverständnis setzt die sakramentale Grundstruktur der Kirche voraus. Die Kirche ist eben keine Gemeinschaft von Gleichgesinnten, die sich einer bestimmten „Sache" verschrieben haben, sondern das von Christus zusammengerufene Volk. Ihre Existenz liegt in Christus begründet. Und deshalb ist sie sakramental verfaßt. Sie ist mit dem Auftrag versehen, das Heil, das in Christus in die Welt gekommen ist, als „sichtbares Zeichen", wie es das Erste Vatikanum ausdrückt, aufscheinen zu lassen. Das Heil Christi gleichsam wie ein Plakat durch die Straßen der Welt zu tragen und selbst bereits durch ihre Sendung von Christus Bestandteil des Heils zu sein, das ist die sakramentale Struktur der Kirche. Auch hier hat Pius IX. einen Anfang gesetzt. In der Konstitution *Dei Filius* bezeichnet das Erste Vatikanum mit einem Zitat aus Jesaja 11,12 die Kirche als ein „unter den Völkern aufgerichtetes Zeichen" *(signum levatum in nationes)*, das für die Glaubwürdigkeit der ergangenen Offenbarung einsteht. Der hier verwendete Zeichen-Begriff geht aber über das bloße Anzeigen hinaus, er verschmilzt vielmehr mit dem, was er anzeigt. An dieser Stelle nimmt das Erste Vatikanum bereits vorweg, was später das Zweite Vatikanische Konzil in seiner Dogmatischen Konstitution *Lumen gentium* (Art. 1) umschreiben wird mit: „Die Kirche ist ja in Christus gleichsam das Sakrament, das heißt Zeichen und Werkzeug für die innigste Vereinigung mit Gott wie für die Einheit der ganzen Menschheit".

Zur Zitation des Vatikanum II vgl. die Randnote S. 42; der Text von *Lumen gentium* findet sich in der dort angegebenen Quelle S. 121 ff.

Pius IX. kann aus dieser Perspektive als Vorläufer einer im 19. Jahrhundert wiederentdeckten Betrachtungsweise der Kirche als Sakrament betrachtet werden. Er befreit sie mit der Konstitution aus den Fängen einer reinen soziologischen Struktur und legt ansatzweise, vorsichtig ihr eigentliches Wesen frei. Ohne *Dei Filius* ist die gegenwärtige Auseinandersetzung mit *Communio*-Strukturen der Kirche nicht denkbar.

Die sakramentale Verfassung der Kirche ist auch das Koordinatensystem, in dem das Papstamt gesehen werden muß: sakramentales, sichtbares Zeichen der Heilsgegenwart Jesu Christi. Jede Verkürzung der Papstgeschichte auf politische Fakten, jede Betrachtungsweise der Kirchengeschichte, die die Theologie ausklammert, wird der Kirche als das „sichtbare Sakrament dieser heilbringenden Einheit (*Lumen gentium,* Art. 9) nicht gerecht.

Johannes XXIII. und Pius IX.

Johannes XXIII., der am gleichen Tag wie Pius IX. zur Ehre der Altäre erhoben worden ist, wandte sich in der Generalaudienz am 6. September 1960 an die große Zahl der Besucher aus dem Heimatort Pius' IX., als er sagte: „Die Pilger von Senigallia können einen besonderen Ruhm beanspruchen: Pius IX. Der gute Pius IX. muß unter uns weilen. Unsere Gedanken wandern oft zu diesem treuen Diener Gottes, und wir kommen nicht umhin, auch seine Verherrlichung auf Erden zu wünschen. Wir stehen vor dem Zweiten Vatikanischen Konzil, das doch eigentlich nicht von dem von Pius IX. gewollten Ersten Vatikanischen getrennt werden kann. Wer weiß, ob uns bei dieser Gelegenheit nicht die große Freude zuteil wird, Pius IX. als Objekt einer solchen Verehrung zu sehen. Gott wird wissen, was er zu seiner größeren Ehre bestimmen mag. Der Herr ist *mirabilis in sanctis tuis*, und zwar sowohl in jenen, denen offizielle Verehrung zuteil wird, dekretiert vom sichtbaren Haupt der Kirche, als auch all den anderen, die das Paradies bevölkern".

Diese Worte auf dem Petersplatz aus dem Jahr 1960 sollten uns zum einen davor bewahren, die Geschichte der Konzilien als Zäsur anzusehen, die das Bisherige ablöst und zugleich vor der Überheblichkeit, Vergangenheit mit den Maßstäben unserer Generation zu beleuchten. Wir sollten darauf achten, wie wir einst beurteilt werden.

Finale

Keinem Leser wird die stille Sympathie des Autors für Giovanni Mastai-Ferretti verborgen geblieben sein. Es ist aber keine von der Art, die alles Negative ausblenden möchte und sich auf der Ebene reiner Apologie einfinden will. Die Sympathie erwächst eher aus dem Umgang mit einer historischen Gestalt, an der ihre Kritiker „kein gutes Haar gelassen" haben. Und das kann doch bei einem Papst nicht sein. Oder? Begibt man sich auf Spurensuche und taucht selbst in die Zeit hinein, in der unsere Protagonisten auf der Bühne der Geschichte auftreten, so entdeckt man die Zeit, das Publikum, die technischen Voraussetzungen, das Gedankengut und die Ängste einer Zeit, die sonst nur aus der Gegenwart an uns herantritt und die uns oft erst dann zu interessieren beginnt, wenn von außen, von anderen ein Fingerzeig uns einlädt, sich das „Historienspektakel" anzuschauen. Selbst die Rolle eines Zeitgenossen von Papst Pius IX. einzunehmen, bewahrt uns vor voreiligen Schlüssen aus der hintersten Reihe, nach der eigentlichen Vorstellung. Und: vor der meist absichtlichen Fokussierung auf ein bestimmtes Thema, das zum Erreichen der eigenen Ziele dienlich sein kann.

Keinesfalls sollte man sich auf die Kritiker des nächsten Tages verlassen. Wer die Vorstellung selbst nicht erlebt hat, wird mehrere, zum Teil stark voneinander abweichende Meinungen lesen können. So wie diese.

Quellen

Enchiridion symbolorum definitionum et declarationum de rebus fidei et morum. Kompendium der Glaubensbekenntnisse und kirchlichen Lehrentscheidungen, lat.-dt., hrsg. v. Heinrich Denzinger u. Peter Hünermann, 37. Aufl. 1991 (Kurztitel = **DH**).

Das Tagebuch von Johannes XXIII. ist in der deutschen Ausgabe unvollständig: ANGELO GIUSEPPE RONCALLI / JOHANNES XXIII., *Il giornale dell' anima. Diari e scritti spirituali. Edizione critica ed annotationi a cura di Alberto Melloni,* Bologna 1987.

Canonizationis servi Dei Pii Papae IX Summi Pontificis novissima Positio super virtutibus, hrsg. v. Carlo Snider, Roma 1961–1962.

Über Pius IX.

Die folgenden Titel sind Standardwerke und bemühen sich um eine ausgewogene Darstellung:

ROGER AUBERT, *Le pontificat de Pie IX,* Paris 1962.

ROGER AUBERT / GIACOMO MARTINA, *Il Pontificato di Pio IX,* Turin 1970.

WALTER BRANDMÜLLER, *Er hinterließ eine innerlich gefestigte Kirche. Zur Seligsprechung Papst Pius' IX. am 3. September 2000,* in: *Die Tagespost* vom 2. September 2000, S. 12 (Kurztitel = **Brandmüller, Kirche**).

AMBROSIUS ESSER, *Ein Historikerstreit um Pius IX.,* in: *Die Neue Ordnung* 56 (2002), Nr. 6

GIACOMO MARTINA, *Pio IX,* 3 Bde., Rom 1974–1990.

HARDING MEYER, *Das Wort Pius' IX.: Die Tradition bin ich,* 1965.

KLAUS SCHATZ, *Pius IX.,* in: *Gestalten der Kirchengeschichte. Das Papsttum II.* hrsg. v. Martin Greschat, 1985, S. 184–202.

Ein materialreiches, überschwengliches Büchlein pro Pio nono, eher anregend als wissenschaftlich:

VINCENZO FARAONI, *Der Papst der Immaculata. Leben und Werk Pius' IX.,* 1973.

Sein Verdienst ist die Strukturierung von Fakten. Seine Schwäche liegt in seiner offenen Polemik:

AUGUST BERNHARD HASLER, *Pius IX. (1846–1878), Päpstliche Unfehlbarkeit und 1. Vatikanisches Konzil. Dogmatisierung und Durchsetzung einer Ideologie,* 1977.

Zur Einordnung von Hasler die Rezensionen von:

J. HOFFMANN in: *Revue des sciences philosophiques et théologiques* 62 (1978) 543–556.

GIACOMO MARTINA in: *Archivum historiae Pontificiae* 16 (1978) 341–369.

KLAUS SCHATZ in: *Theologie und Philosophie* 53 (1978) 248–276.

Politik und Gesellschaft:

Einen umfangreichen Einblick in die Zeitgeschichte bieten:

CHRISTOPHER HIBBERT, *Rom*, 1987 (Kurztitel = **Hibbert**).

ARTHUR BÖHTLINGK, *Bismarck und das päpstliche Rom*, 1911.

LEIF GRANE, *Die Kirche im 19. Jahrhundert. Europäische Perspektiven*, 1987.

EDWARD ELTON YOUNG HALES, *Pius IX. Europäische Politik und Religion im 19. Jahrhundert*, Graz 1957 (Kurztitel = **Hales**)

TITUS HEYDENREICH, *Pius IX. und der Kirchenstaat in den Jahren 1860–1870*, 1995.

RUDOLF LILL, *Geschichte Italiens in der Neuzeit*, 4. Aufl. 1988.

FRANZ SCHNABEL, *Deutsche Geschichte im neunzehnten Jahrhundert*, 4 Bde., 3. Aufl. 1987.

GUSTAV SEIBT, *Rom oder Tod. Der Kampf um die italienische Hauptstadt*, 2001.

PETER STADLER, *Cavour. Italiens liberaler Reichsgründer*, 2001.

MANFRED WEITLAUFF, *Miszelle: John Lord Acton (1834—1902)*, in: *Münchener Theologische Zeitschrift* 54 (2003) 79–87.

ROLAND HILL, *Lord Acton. Ein Vorkämpfer für religiöse und politische Freiheit im 19. Jahrhundert*, 2002.

Theologie und Theologen des 19. Jahrhunderts

Das 19. Jahrhundert hat namhafte Theologen und theologische Ansätze hervorgebracht. Eine Gesamtschau bieten:

Katholische Theologen Deutschlands im 19. Jahrhundert, 3 Bde., hrsg. v. Heinrich Fries u. Georg Schwaiger, 1975.

LEO SCHEFFCZYK, *Theologie in Aufbruch und Widerstreit. Die deutsche katholische Theologie im 19. Jahrhundert*, 1965.

Kirche und Theologie im 19. Jahrhundert, hrsg. v. Georg Schwaiger, 1975.

Der Syllabus

ROGER AUBERT, *Die Religionsfreiheit von „Mirari vos" bis zum „Syllabus"*, in: *Concilium* 7 (1965) 584–591.

HUBERT WOLF, *Der „Syllabus Errorum" (1864). Oder: Sind katholische Kirche und Moderne unvereinbar?*, in: *Kirche im 19. Jahrhundert*, hrsg. v. Manfred Weitlauff, 1998, S. 115–139.

Das Erste Vatikanische Konzil

ROGER AUBERT, *Vaticanum I*, 1965 (Kurztitel = **Aubert**).

FRANZ-XAVER BISCHOF, *Theologie und Geschichte. Ignaz von Döllinger (1799–1890) in der zweiten Hälfte seines Lebens. Ein Beitrag zu seiner Biographie*, 1997.

WALTER BRANDMÜLLER, *Ignaz v. Döllinger am Vorabend des I. Vatikanums*, 1977 (Kurztitel = **Brandmüller, Döllinger**).

CUTHBERT BUTLER / HUGO LANG, *Das I. Vatikanische Konzil*, 2. Aufl. 1961.

VICTOR CONZEMIUS, *Die Römischen Briefe vom Konzil*, in: *Römische Quartalschrift für christliche Altertumskunde und Kirchengeschichte* 59 (1964), 186–220 und 60 (1965) 76–119.

THEODOR GRANDERATH, *Geschichte des Vatikanischen Konzils*, 3 Bde., 1903–1906.

KLAUS SCHATZ, *Vaticanum I*, 3 Bde., 1992.

Unfehlbarkeit

ULRICH HORST, *Unfehlbarkeit und Geschichte. Studien zur Unfehlbarkeitsdiskussion von Melchior Cano bis zum 1. Vatikanischen Konzil*, 1982.

HERMANN JOSEPH POTTMEYER, *Unfehlbarkeit und Souveränität. Die päpstliche Unfehlbarkeit im System der ultramontanen Ekklesiologie des 19. Jahrhunderts*, 1975.

JOSEPH RATZINGER, *Das neue Volk Gottes*, 1969.

KLAUS SCHATZ, *Kirchenbild und päpstliche Unfehlbarkeit bei den deutschsprachigen Minoritätsbischöfen auf dem 1. Vatikanischen Konzil*, Rom 1975.

KLAUS SCHATZ, *Der Päpstliche Primat. Seine Geschichte von den Ursprüngen bis zur Gegenwart*, 1990 (Kurztitel = **Schatz, Primat**).

GERHARD B. WINKLER, *Das Papsttum. Entwicklung der Amtsgewalt von der Antike bis zur Gegenwart*, Innsbruck 2002.

Themen der Mariologie

Zu einer richtigen Einordnung der Mariologie im theologischen Kontext verhelfen:

GERHARD LUDWIG MÜLLER, *Maria – Die Frau im Heilsplan Gottes*, 2. Aufl. 2003.

JOSEPH RATZINGER, *Tochter Zion. Betrachtungen über den Marienglauben der Kirche*, 3. Aufl. 1978.

LEO SCHEFFCZYK, *Die Mariengestalt im Gefüge der Theologie. Mariologische Beiträge*, 2000.

LEO SCHEFFCZYK, *Maria. Mutter und Gefährtin Christi*, 2003.

Hörtip

Musik zu Ehren von Pius IX.:

GIOACHINO ROSSINI, *Cantata in onore del Sommo Pontifice Pio Nono*, Decca-Recordings 458 843-2.

Reisetip

In Senigallia wurde ein Museo Pio IX. im elterlichen Palazzo Mastai-Ferretti eingerichtet. Neben persönlichem Gegenständen des Papstes entstand auch eine kleine Pinakothek:

Museo Pio IX e Pinacoteca d'Arte sacra
Via Mastai, 14
Senigallia

Mo–Sa 9–12 Uhr und 16–19 Uhr.

In Rom befindet sich in der Patriarchalbasilika San Lorenzo fuori le mura die Grablege Papst Pius' IX.:

San Lorenzo fuori le Mura
Piazzale del Verano, 3
Rom.

Anton Schmid
Therese von Lisieux begegnen
ISBN 3-929246-36-8

Johanna Schmid
Papst Pius XII. begegnen
ISBN 3-929246-62-7

Hans Chr. Schmidbaur
Augustinus begegnen
ISBN 3-929246-87-2

Michael Schulz
Hans Urs von Balthasar begegnen
ISBN 3-929246-82-1

Michael Schulz
Karl Rahner begegnen
ISBN 3-929246-37-6

Gerd A. Treffer
Charles de Foucauld begegnen
ISBN 3-929246-51-1

Gerd A. Treffer
Johanna von Valois begegnen
ISBN 3-929246-50-3

Rudolf Voderholzer
Henri de Lubac begegnen
ISBN 3-929246-44-9